〈THE TIGER〉 Making Book

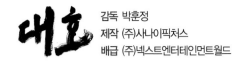

감독 박훈정
제작 (주)사나이픽처스
배급 (주)넥스트엔터테인먼트월드

〈THE TIGER〉 Making Book

초판 1쇄 인쇄 2015년 12월 28일
초판 1쇄 발행 2015년 12월 31일

지은이 | (주)사나이픽처스 외
원고 구성 | 김혜선
펴낸이 | 김영곤
펴낸곳 | (주)북이십일 아르테팝
문학출판사업본부장 | 신우섭
미디어믹스팀장 | 장선영
책임편집 | 김성현   **디자인** | 디자인 다락
미디어믹스팀 | 임세은 이상화
문학영업마케팅팀장 | 권장규
문학영업마케팅팀 | 김한성 최소라 엄관식

출판등록 2000년 5월 6일 제10-1965호
주소 (우 10881) 경기도 파주시 회동길 201(문발동)
대표전화 031-955-2100 **팩스** 031-955-2151
이메일 book21@book21.co.kr **홈페이지** www.book21.com
블로그 arte.kro.kr **페이스북** facebook.com/21artepop

ISBN 978-89-509-6288-3 03680
책값은 뒤표지에 있습니다.

〈THE TIGER〉 Making Book

(주)사나이픽처스 외 지음

생각하지도 못했다.《대호 메이킹북》이 만들어지리라고는. 영화 〈대호〉가 세상
에 나오리라고 생각하지도 못한 것처럼 말이다. 문득 롤링 페이퍼가 떠오른다.
대학교 시절 MT를 가면 돌리곤 했던 롤링 페이퍼가 내게 다시 돌아왔을 때의
느낌이다. 롤링 페이퍼에 쓰여 있는 이야기들을 읽어가는 기분이다. 오랫동안
준비하고, 촬영하고, 후반 작업까지 마친 끝에 개봉한다. 그 기억을 다시 꺼내
보게 하는 메이킹북은 딱 롤링 페이퍼다. 1년 반을 함께해온 배우와 스태프의
소중한 노력이 담겨있다. 한 장, 한 장 고맙고 신기한 마음으로 넘기려 한다.

〈대호〉 감독 박훈정

차례

Production

어느 늙은
포수의 이야기

Visual Effect

대호,
생명을 얻다

Post Production

조선의 빛, 색,
소리를 찾아서

Preproduction
01

전설의 땅,
지리산

왜 지리산인가

"누군가 영화화하면 재밌겠다 싶어서 쓴 시나리오죠. 내가 연출하려고 쓴 건 절대 아니었습니다." 박훈정 감독의 회상이다. 그랬다. 끝까지 하지 않으려고 한 영화였다. 게다가 평소 취향하고도 거리가 멀었다. 누가 봐도 고생길이 훤한 영화, 그게 바로 〈대호〉였다. 그렇다면 무엇이 박훈정 감독을 〈대호〉라는 신세계로 끌고 왔을까? "주위의 강권과 떠밀림이죠. 하하. 나는 안 한다, 못 한다, 다른 감독 알아봐라, 그렇게나 말했는데…." 그 정도로 제작사 '사나이픽처스'의 한재덕 대표를 비롯한 주변의 권유가 거셌다. 당신 밖에 할 사람이 없다! 연출도 안 할 거면서 시나리오는 왜 썼냐! 다들 〈대호〉가 완성될 모습을 궁금해 했다. 그렇다면 박훈정 감독은 언제, 어디서, 왜, 어떻게, 〈대호〉 시나리오를 썼을까?

호기심에서 비롯된 호랑이와의 운명적 만남

시작은 늘 그렇듯 호기심이었다. 2000년대 중반, 아직 감독으로 데뷔하기 전이었던 시나리오 작가 박훈정은 우연히 1922년 경주 대덕산에서 잡힌 남한의 마지막 호랑이 사진을 봤다. 그 마지막 호랑이에 관심이 생겨서 인터넷으로 찾을 수 있는 맹수 관련 동호회를 통해 조선 시대 호랑이와 사냥꾼에 관한 자료를 찾았다. 그 호랑이를 둘러싼 이야기는 의외로 많았다. 당시 조선 포수들이 호랑이를 사냥하던 방법, 영물로 여겨진 호랑이들의 영악한 습성, 구전돼 내려오는 한국 호랑이 관련 민간 설화, 직접 호랑이를 봤다는 사람들의 증언 등을 접했다. 남한의 마지막 호랑이가 잡혔을 당시의 시대상은 국회 도서관의 자료와 문헌들을 참고했다. 만주 밀림을 호령한 한국 호랑이가 등장하는 니콜라이 바이코프의 고전 소설 《위대한 왕》도 읽었다. 왠지 괜찮은 이야기가 만들어질

호랑이를 비롯한 야생동물을 사냥한 뒤
기념사진을 찍는 포수대 콘셉트.
영화에서는 삭제된 장면

것만 같았다.

"호랑이는 역사적으로 여러 설화와 동화의 소재가 될 만큼 한국인이 사랑해
온 동물이잖아요. 그런데 실제 야생 호랑이를 본 사람들은 많지 않죠. 조선 호
랑이는 공식적으로 멸종됐으니까요. '그럼 마지막 호랑이는 대체 어땠을까?'
싶었어요. 뭐든 마지막이 들어가면 좀 극적이잖아요. 일제 강점기에 일본군들
이 대거 동원돼서 조선 호랑이를 사냥할 때 마지막까지 잡히지 않았던 호랑이,
당시 모든 사람이 마지막까지 추격했던 그 호랑이를 한번 그려보고 싶다는 생
각이 컸죠."

그렇게 이야기가 만들어졌다. 조선의 마지막 호랑이 '대호'와 조선의 마지막
명포 '천만덕', 그리고 둘의 주변 인물들을 통해서 한 시대를 살아낸 사람들과
자연에 관한 이야기 말이다. 2009년 여름 〈대호〉 시나리오를 완성한 박훈정 감
독은 어느 제작사와 영화화 계약을 하고 시나리오 판권을 넘겼다.

사나이픽처스의 한재덕 대표는 2010년 어느 카페에 앉아서 박훈정 감독과
이런저런 이야기를 나누다가 〈대호〉에 관해 들었다. 듣는 순간 느낌이 왔다. 명
포를 연기할 배우는 최민식 말고는 없을 것 같았다. 이미 시나리오 판권이 팔렸
다니 아쉬울 뿐이었다. 그렇지만 지나가는 이야기 같았던 〈대호〉의 판권은 〈신
세계〉 이후 다른 작품을 준비 중이던 한재덕 대표의 손에 들어왔다.

"그때부터는 민식 형님의 결재가 관건이었죠. 이미 형님에게 〈대호〉 이야기를 한 터라 시나리오를 드리고 형님의 결재를 기다렸습니다."

처음에는 반신반의했던 최민식이 마침내 마음을 정했다. 〈명량〉이 끝나는 대로 〈대호〉를 준비하기로! 최민식의 결재가 떨어지자 〈대호〉 프로젝트는 급물살을 탔다. "자의가 20%, 타의가 80%"라고 하지만 박훈정 감독의 마음도 결국 돌아섰다. 누가 연출할지 궁금했던 영화 〈대호〉는 박훈정 감독의 세 번째 연출작으로 확정됐다.

마지막 명포수 천만덕을 만들기까지

시나리오는 몇 번의 각색 과정을 거쳤다. 각색하는 과정에서 박훈정 감독, 한재덕 대표, '큰형님' 최민식은 "관객이 호랑이가 CG라는 것을 다 알고 볼 테니 더 탄탄한 드라마를 구성해야 한다"라는 데 합의했다. 인물 사이의 갈등 관계는 물론이고 영화 전반에 깔린 정서에 대해 진지하게 논의했다. 그 시절 사람들이 산에 대해 지녔던 생각, 자연을 숭배하는 게 아니라 존중하고 자연의 순리를 지키기 위해서 살아가는 모습들을 표현하려고 했다. 초고에는 대호의 분량이 조금 더 많았다. 만덕의 과거도 지금처럼 구체적이지 않고 대략의 사연만 보여준 채 현재에 더 중심을 뒀다. 각색을 몇 번 더 거치면서 아무래도 인물의 과거를 보여줘야 영화에 깊이가 생겨나지 않겠느냐고 의견이 모였다. 그래서 대호의 분량을 조금 덜어내고 만덕의 과거를 추가했다.

박훈정 감독이 처음 시나리오를 쓸 때부터 천만덕은 전통적 가치를 대표하

는 캐릭터였다. 포수의 자식으로 태어나 자라며 보고 배운 것이 포수질뿐이었다. 당연히 생계를 꾸려가는 방법도 포수질밖에 없다. 한마디로 "포수질밖에 모르는 시골의 늙은 포수"가 천만덕이다. 천만덕은 아버지와 할아버지에게서 배운 전통적인 사냥법을 지킨다. 필요한 것 이상으로 사냥하지 않는다는 일종의 불문율을 고수한다. 그러나 천만덕의 밑에 있던 젊은 포수들은 돈을 위해 사냥을 한다. 그 가치관의 차이가 캐릭터의 삶에 큰 차이를 만든다는 게 박훈정 감독의 설명이다.

"늙은 포수 만덕은 자신이 살생을 해왔기 때문에 자기 자신에게도 그런 일이 생길 수 있다는 걸 알아요. 그가 살기 위해서 사냥을 했듯이 대호도 인간에게 그렇게 한 것이죠. 그래서 아내를 잃고 아들 석이까지 잃었어도 그걸 업이라고 여겨요. 맹수가 인간을 공격하는 것도 굶어 죽지 않기 위해, 살기 위해, 인간에게 사냥당하지 않기 위해 하는 행동이라고 자연스럽게 받아들입니다. 그런데 젊은 세대의 포수들, 특히 구경은 달라요. 대호에게 동생을 잃고 자신도 상처를 입으면서 개인적인 원한을 갖게 되죠."

업에 대한 생각은 만덕을 연기할 최민식에게도 중요한 문제였다. 가족을 잃고 다시는 총을 잡지 않는 비운의 명포 만덕이 느낄 업의 크기와 무게가 녹록

치 않기 때문이다. 최민식은 천만덕의 핵심적인 정서를 "업을 끊고자 하는 한 인간의 몸부림"으로 바라봤다. 그러니 살아있는 생명을 죽임으로써 자신도 엄청난 고통에 휩싸이게 되는 내면을 고심하지 않을 수 없었다. 그렇기 때문에 시나리오를 각색하는 과정에서 박훈정 감독, 한재덕 대표, 최민식 배우의 삼자 토론이 오랜 시간 이어졌다.

업을 끊으려는 만덕은 총을 내려놓고, 업을 더하는 구경은 총을 드니, 두 사람을 이해하면 할수록 두 사람을 대립하게 한 시대가 보일 수밖에 없었다. 그 시대에 대한 박훈정 감독의 생각은 확고했다.

"기존의 가치관이 변하던 시대였어요. 일제 강점기 35년이 우리나라의 역사가 단절된 시기거든요. 그때까지 이어져 온 모든 가치관이 사라지고 새로운 가치관이 들어오는 시기, 다시 말해 본격적인 욕망의 시대가 도래하는 시기죠. 사냥꾼들 역시 이전까지는 먹고살 만큼만 사냥했지만 그때부터는 돈을 벌기 위해 사냥을 해요. 〈대호〉의 인물들은 그런 시대를 살고 있어요. 그래서 이 영화는 사람만큼이나 시대에 관한 이야기이기도 합니다."

과거에는 명포수였으나 현재는 산에서 아들 석이와 약초를 캐며 살아가는 만덕을 그리는 이유도 다양한 해석이 동반된다. 속죄자, 순교자, 은둔자, 자연인. 그 어느 쪽도 틀리지 않다. 최민식은 롤랑 조페의 영화 〈미션〉에서 오지의 원주민 마을에 은거하던 로버트 드 니로의 모습을 염두에 두기도 했다. 박훈정 감독이 생각하는 만덕의 현재는 '은둔'에 조금 더 방점을 찍고 있다.

"이제는 업을 끊겠다는 거죠. 욕망의 행위가 반복되는 걸 스스로 그만하겠다는 의미입니다. 또 한 가지, 할아버지와 아버지, 자신이 포수였는데 자식인 석이까지 포수가 될까봐 경계하는 마음이 커요. 그 직업의 고리도 자기 대에서 끊고 싶은 것이죠. 마을에서 살면 석이가 자라면서 포수대와 어울릴 테니, 자신의 마지막 혈육이자 전 재산인 석이를 지키기 위해 산에 들어온 거라고 봐요. 그러나 아들은 자라서 혈기왕성해지고 어린 시절 아버지가 총을 쏘는 것도 봤으니 답답해하죠. 당장에라도 돈을 벌고 싶어 해요. 만덕은 산에서 그런 아들을 가르칩니다. 욕심이 과하면 업이 따른다, 생목숨을 끊어서는 안 된다. 전통적인 사냥이 계속됐다면 굳이 그렇게 할 필요가 없었을 텐데…. 만덕은 지금 사람들 모두 욕심 때문에 사냥을 한다는 사실을 아니까요. 만덕의 현재는 그래서 은둔에 가까운 삶의 형태입니다."

천만덕의 마음을 품은 마지막 호랑이, 대호

또 다른 주인공인 대호 역시 여러 의미로 읽힐 수밖에 없다. 지리산의 산군, 꿋꿋이 버티고 선 조선의 자존심, 민족의 정기, 목숨 걸고 살아야 했던 그 시대의 민초들, 함부로 건드려서는 안 되는 시대의 어떤 가치, 궁극의 순결함 등 생물학적인 의미를 넘어서는 정서적 상징을 품고 있는 존재다. 최민식은 대호를 "천만덕의 정신"이라고도 표현한다.

그런 대호를 어느 정도까지 의인화하느냐는 문제도 중요한 지점이었다. 애초에 대호의 의인화를 염두에 둘 수밖에 없는 시나리오이지만 지나치면 해가 될 수도 있기 때문이다. 게다가 박훈정 감독이 들려준 의외의 사실이 하나 있다.

"실제로 시베리아 호랑이, 그중에서 조선 호랑이는 가족에 관한 애착이 컸다고 해요. 그렇지만 수컷 호랑이는 원래 자식들을 돌보지 않습니다. 새끼가 태어나고 어느 정도 시간이 지나면 수컷 호랑이는 떠나고 어미가 키우죠. 그러나 대호는 주인공이고 영물이라는 것을 감안해서 의인화가 지나치지 않는 선이 어디쯤일까 고민을 했습니다."

업으로 얽힌 두 주인공 대호와 만덕의 또 다른 운명적인 연결고리가 바로 여기에 있다. 둘 다 아버지이고 한 가족의 가장이라는 점이다. '부정(父情)'은 〈대호〉 시나리오를 관통하는 중요한 정서다. 대호를 '인간적으로' 보이게 만드는 이 운명적 연결고리를 박훈정 감독은 이렇게 설명한다.

"아버지에 대해 이야기를 하고 싶은 이유도 있었겠지만, 나 자신도 아들을 둔 아빠이기 때문에 자연스럽게 만들어진 설정 같아요. 만덕은 어쩌다 보니 대호의 어미를 죽였고 대호는 사람을 해쳤죠. 이런 행동은 사실 둘 다 가장이기 때문에 한 일이에요. 영화 초반 만덕이 집을 나서기 전에 보이죠. 집에 쌀이 다 떨어져서 뭐라도 잡아가지 않으면 처자식이 엄동설한에 굶어 죽을 상황이란

말이에요. 그래도 대호의 어미를 쏘기 전에 만덕은 망설입니다. 이대로 쏘지 않으면 호랑이가 덤벼서 죽을 수도 있고, 자신이 죽으면 처자식도 살기 힘들어지겠죠. 가장은 그런 책임을 느끼잖아요. 자신이 죽을 줄 알면서도 새끼들의 사체를 가지러 오는 대호 역시 아버지이기 때문에 그런 것이죠. 아니라면 굳이 올 이유가 없어요."

가장의 입장에서 상대방의 처지를 이해하지만 미안한 감정은 없는, 미안해할 수도 없는 관계가 대호와 만덕의 관계다. 한 발 더 나아가 박훈정 감독은 둘을 같은 운명체로 봤다. "둘을 그 시대의 마지막 호랑이와 마지막 포수로 설정한 건 둘이 죽음으로써 그 시대가 끝난다는 의미죠. 전통적인 방식으로 사냥하던 시대가 막을 내리고, 조선의 호랑이도 멸종합니다. 그렇게 한 시대가 끝난다는 것을 이야기하고 싶었습니다."

조선의 마지막 호랑이는 영이 깃든 지리산에서

저물어가는 시대의 공간적 배경은 지리산이 되었다. 공식적인 기록으로 따지면 남한에서 호랑이가 잡힌 마지막 기록은 1922년 경주 대덕산인데 말이다. 왜 지리산일까? 박훈정 감독이 밝히는 이유는 일견 단순하지만 강렬하다. "지리산이 굉장히 크고 넓은 산이잖아요. 대한민국의 대표적인 산이기도 하고요. 그리고 산 가운데는 영이 깃든 산이 있어요. 지리산이 그런 산이죠. 그 산의 산군이라면 대호가 더 힘이 있고 거대해 보일 거라는 생각이었습니다." 지리산은 멀리 백두대간에서 흘러와 전라도와 경상도를 가로지르는 조선의 허리다. '어리석은 사람이 머물면 지혜로운 사람으로 달라진다'라고 해 이름 붙은 지리산(智異山).

2014년 겨울, 그곳에서 영화 〈대호〉가 첫발을 내디뎠다. 사전에 세부적인 계획을 세우기 위해 시나리오를 수정하는 동시에 콘티 작업까지 병행해야 한 박훈정 감독은 그때까지도 실감이 나지 않았다.

"시나리오를 쓸 때는 재밌게만 쓰려고 했지 촬영 여건을 고려하지는 않았거든요.(웃음) 내가 직접 산에 갈 줄이야."

산에 갈 때까지 남은 시간은 6개월 정도였다. 〈대호〉를 제대로 만나는 데 필요한 어마어마한 사전 조사와 방대한 자료들이 감독, 배우, 스태프들을 기다리고 있었다. 기존의 영화를 준비하던 방식이 아니라 전혀 새로운 접근 방식으로 지리산, 호랑이, 사람을 구체화하기 시작했다.

《정호기》

〈대호〉의 시대 배경보다 조금 이른 1917년, 실제로 '조선 호랑이 사냥'을 기획하고 실행한 인물이 있었다. 바로 일본의 자본가 야마모토 다다사부로다. 야마모토 다다사부로는 제1차 세계 대전이 막바지로 치달은 1917년 11월 10일 도쿄에서 출발해 조선에 도착했고, 많은 사냥꾼과 몰이꾼을 고용해 사냥팀 8개를 조직했다. 이 사냥팀이 '정호군'이었다. 팀마다 포수 세 명과 몰이꾼 열 명으로 구성된 정호군은 깃발을 앞세우고 함경도, 강원도의 금강산, 전라남도 등에서 호랑이 등 맹수를 사냥했다. 참여한 포수 중 일본인 포수는 불과 세 명이었다. 오히려 당시 조선의 명포수로 이름 높았던 강용근, 이윤회, 백운학, 최순원 등 조선인들이 많이 참여한 것으로 알려져 있다. 야마모토는 이 사냥 행사에 여러 신문사 기자들을 특파원 형식으로 초청했고, 〈매일신보〉, 〈중앙신문〉, 〈경성일보〉, 〈중외상업신보〉, 〈규슈일보〉 등 다수의 언론을 통해 정호군의 행적을 널리 알렸다. 사냥을 통해 자신의 부와 영향력, 일본 제국주의의 힘을 대대적으로 과시했다고 짐작할 수 있다.

같은 해 12월 10일 도쿄로 돌아온 야마모토는 6개월 뒤인 1918년 6월 10일 조선에서 벌인 '한국 호랑이 사냥'하고 관련된 사진과 당시에 쓴 일기를 합쳐 수렵기 《정호기(征虎記)》를 출간했다. 정호군의 사냥에 동행했거나 사냥을 후원한 사람들에게 기념선물로 주려고 만든 일종의 비매품 한정판이다. 일부 동물학자들 사이에만 알려졌던 이 책의 존재는 인터넷 언론 〈오마이뉴스〉에 실린 기사 '누가 조선 호랑이의 씨를 말렸나, 호육을 시식한 야마모토 정호군'에서 최초로 대중에게 소개됐다. 이 자료들이 인터넷에서는 많이 돌아다녔지만, 한동안 실제 《정호기》를 구할 수는 없었다. 2009년 일본의 어느 인터넷 고서적 판매상에 나와 있던 《정호기》 원본이 발견되면서 2014년 국내에 번역판 《정호기》가 발간됐다.

한국 호랑이의 멸절사를 연구하는 데 중요한 자료가 된 《정호기》에는 당시 조선의 생활상과 지금은 발걸음 하기 힘든 함흥, 금강산, 석왕사, 북청 등 북녘땅의 풍경이 담겨 있다. 그리고 무엇보다도 조선의 명포수로 알려진 사람들의 사진을 볼 수 있어 귀하다. 국내에 번역판이 출시되기도 전에 〈대호〉 프리 프로덕션을 준비한 박훈정 감독, 박민정 프로듀서, 연출팀, 제작팀은 《정호기》의 사진과 자료를 조사해 배우들과 스태프들에게 자료로 제공했다. 당시 지리산 사람들의 모습, 포수대의 리더 구경과 칠구, 다른 포수대원들의 차림새와 성격, 사냥

방식, 사회적 위치, 시대의 분위기 등을 상상하는 데 도움이 됐다는 것은 두말할 나위가 없다. 박훈정 감독은 "도포수 구경의 캐릭터는 당시 명포 중 한 명이었던 최순원에 가깝다"라고 말하기도 했다.

무엇보다 번역판 《정호기》를 읽고 나면 〈대호〉의 캐릭터와 시대가 치밀한 사전 조사와 탄탄한 현실의 근거 위에 지어졌다는 사실을 더 확연히 알 수 있다. 일본의 부호가 왜 갑자기 한반도에 들어와 호랑이를 사냥했을까? 《정호기》에 수록된 국내외 필자들의 설명에 따르면 "겉으로는 조선총독부의 해수구제 정책과 같은 맥락에서 조선인의 생명과 재산에 피해를 주는 해로운 짐승을 퇴치한다는 것"이었다. 그러나 그 이면에는 "야마모토의 개인적인 소영웅심의 발로, 부의 과시, 일본군 사기 진작, 제국주의 이데올로기의 확산 등" 복합적인 이유가 있었다. 당시 조선은 비밀리에 독립운동을 하려는 의지가 결집하고 있던 시점이다. 이런 사회적 분위기를 누르려는 의도로 지배층이 정호군을 활용했다고 보기도 한다. 야마모토의 동기에 대한 해석과 정호군의 기록을 보노라면 영화 속에서 조선 호랑이의 왕 '대호'를 잡고 싶어 한 일본군 고위 관료 캐릭터 마에조노의 심리도 새삼 이해할 수 있다.

정호군이 활동을 끝낸 뒤, 남한에서 잡힌 마지막 호랑이는 1922년 경주 대덕산에서 포획된 수컷이다. 그 이후 함경북도 오지에서 매우 드물게 잡혔다는 기록이 남아있는데, 어느 순간 조선 호랑이는 멸종됐다고 본다. 미루어보건대, 야마모토가 이끈 정호군이 조선 호랑이를 멸절하지는 않았지만 해수구제 정책과 조선 호랑이 사냥을 더 뜨겁게 부채질한 계기였던 것은 틀림없다. 이런 시대적 사실들을 생각하면 지리산 산군이자 조선의 마지막 호랑이로 설정된 '대호'는 더 큰 상징성과 의미로 다가온다.

지리산 되살리기

"너, 나랑 일 하나 같이하자."

최민식의 이 대사가 강렬했던 영화 〈신세계〉가 2013년 개봉한 뒤 박민정 프로듀서는 한 통의 전화를 받았다. 박훈정 감독이었다. 내용인즉슨, "너, 나랑 일 하나 더 같이하자"였다. 그렇지 않아도 박훈정 감독의 다음 프로젝트에 박민정 프로듀서와 〈신세계〉에 참여한 스태프 대부분이 함께하기로 내정돼 있었다. 문제는 '무엇을 찍느냐'였다. "다음 프로젝트는 〈대호〉"라는 말에 박민정 프로듀서는 귀를 의심했다. 아니, 못 들은 척했다. 그리고 박훈정 감독을 처음 만난 날을 떠올렸다. 감독이 들고 온 시나리오 세 편 〈신세계〉, 〈대호〉 그리고 다른 한편을 정말 재미있게 읽은 기억이 났다. 그때만 해도 〈대호〉가 정말 영화가 될 것이라고 예측하지 못했다. 만들면 멋지겠지만, 과연 가능할까? 설마 내가 참여할 일은 없겠지? 이 정도의 감상이 스쳐 갔을 뿐이었다. 그러나 잠시 스친 생각은 결국 현실이 됐다.

미술 조화성, 음악 조영욱, 의상 조상경, 분장 김현정, 무술 허명행 등 주요 분야의 스태프들이 박민정 프로듀서와 함께 고스란히 〈대호〉로 옮겨왔다. 제작사 사나이픽처스, 감독 박훈정, 배우 최민식의 두 번째 의기투합에 큰 믿음을 가지고 있었기 때문이다. 〈좋은 놈, 나쁜 놈, 이상한 놈〉과 〈악마를 보았다〉의 이모개 촬영감독이 〈우는 남자〉 작업을 마친 뒤 이성환 조명감독과 함께 합류했다. 〈대호〉 시나리오를 읽을 무렵 아버지가 편찮으셨다는 이모개 촬영감독은 천만덕과 대호가 지닌 '부성'에 마음이 끌렸다고 털어놓기도 했다.

그렇지만 스태프들은 상상하기 어려웠을 것이다. 6개월 동안 1920년대 지리산 호랑이에 관한 영화를 살인적인 추위 속에서 찍게 되리라는 사실을 말이다. "눈앞에 거대한 산이 놓인 심정이었죠." 박민정 프로듀서의 말이다. 스태프들에게 그 마음을 다 드러내지 못한 채 그저 공기 좋은 산에 MT 간다는 생각으로 영화를 만들자고 했다. 프로덕션이 시작되고 본격적인 준비 작업에 들어가자 모두 눈앞에 놓인 산의 거대함을 느끼게 됐다. 급기야 팀별로 여러 회의를 하고서 헤드 스태프들이 모인 전체 회의에서는 시작부터 한동안 침묵이 흘렀다. 각자 셀 수 없이 많은 자료를 읽고, 동영상을 보고, 레퍼런스를 준비했지만 어디서부터 어떻게 시작해야 할지 막막했기 때문이었다.

지리산이 진짜 지리산이 되기까지

영화의 배경은 1920년대 지리산이다. 지리산의 산군, 조선의 마지막 호랑이인 대호가 실체를 가지려면 그 터전인 지리산을 화면에 되살리는 게 필수였다. 대호의 비주얼 이펙트를 준비하는 초기 단계와 대호가 발을 딛고 서는 지리산을 구현할 수 있는 로케이션 헌팅 작업을 동시에 진행했다. 국립공원인 지리산에서 촬영하는 일은 당연히 어려웠다. 촬영이 가능한 장소를 찾기 위해 전국의 산에 관한 자료를 모으고 스태프들을 다섯 팀으로 구성해 산을 직접 찾아갔다.

산은 날씨와 시간에 따라 시시각각 모습을 달리하기 때문에 시간별로 또 지역별로 꼼꼼하게 살펴야만 한다. 그런 만큼 헌팅하는 데도 시간이 꽤 들었다. 스태프들의 체력에도 한계가 있으니 각 팀이 하루에 산 하나를 오르는 방법을 선택했다. 등산동호회도 아니면서 이렇게 단기간에 단체로 산에 익숙해진 것도 아이러니한 일이었다.

어떤 헌팅지에서는 숲으로 들어가는 입구에서 '산에서 곰을 만나면 취해야 할 행동 수칙'을 적어놓은 큰 표지판을 마주하기도 했다. 영화 〈대호〉를 찍는다는 게 어떤 일인지 새삼 실감하는 순간이었다.

로케이션 헌팅을 진행한 시기가 여름인 것도 난감했다. 영화의 배경이 가을과 겨울의 지리산이기 때문이었다. 스태프들은 산을 돌아다니면서 그 산의 겨울 풍경을 머릿속에 끊임없이 그려봤다. 나중에 촬영하러 왔을 때 지정해 놓은 포인트를 쉽게 찾기 위해서 특정 나무 주변에 끈이나 손수건을 묶어 표시를 해 두기도 했다. 이런 장소들은 사진으로 찍은 뒤, 인터넷에서 같은 장소의 겨울 사진을 하나하나 찾아내 '겨울이면 이렇게 변한다'는 설명과 함께 박훈정 감독에게 비교해서 보여주고 확인을 받아야 했다.

지리산에 관한 여러 기록도 참고했다. 연출부는 지리산에서 숲 초입, 숲 중간, 깊은 숲, 상봉까지 고도별로 기후를 체크하고, 어떤 나무와 식물들이 자라는지, 어떤 산짐승과 조류가 서식하는지 줄줄이 외울 수 있을 만큼 데이터를 숙지했다. 당연히 지리산의 실제 모습이 어떤지도 알아야 했다. 모든 스태프가 대호에 관해 같은 기준을 가져야 하듯이 지리산 역시 같은 모습으로 생각해야 하기 때문이었다. 스태프 중 한 사람이 찍든 안 찍든 첫 확인 헌팅을 지리산으로 가야 하지 않겠느냐는 의견을 냈다. 그 의견이 만장일치로 통과돼 스태프 모두 지리산을 등반했다. 이후 촬영 여건에 맞춰 확정 헌팅 장소들을 모두 정하기까지 두 달이 넘게 걸렸다. 여러 차례 헌팅 콘셉트가 바뀌면서 시행착오를 겪었기 때문이다.

더 생생하게, 더 리얼하게 영화 속에 담아내기

헌팅을 해보면 장소가 아무리 영화에 어울려도 차가 들어갈 수 없어 낭패를 보는 일이 많았다. 힘들게 산을 돌고 와서 곰곰이 생각해보면 포기해야 하는 장소들이었다. 낮이든 밤이든 촬영 장비와 조명 장비 등을 설치하고 미술 소품 등을 실어 날라야 하는 영화 촬영 현장의 특성상 접근성을 고려하지 않을 수 없기 때문이었다. 그래서 첫 헌팅 콘셉트를 '차가 들어갈 수 있는 숲과 산'으로 정하고 장소를 물색했다. 그러나 그런 기준으로 찾은 숲과 산은 원시림을 간직한 지리산의 분위기하고는 또 달라서 아쉬움이 컸다. 이모개 촬영감독은 그 상황을 이렇게 설명했다.

"실제 지리산은 확실히 다르더라고요. 나무나 풀에도 힘이 느껴지고 바위도 그래요. 일렬로 쭉쭉 서 있는 게 아니라 자기 마음대로 있죠. 이 영화가 가진 힘을 찾기 위해서는 그런 모습을 담아야 한다고 생각했어요."

그래서 두 번째 헌팅 콘셉트로 적합한 원시림을 찾아다녔지만 이번에는 장소는 좋아도 촬영 자체가 힘든 상황이었다. 결국, 첫 번째 헌팅 콘셉트와 두 번째 헌팅 콘셉트의 장소를 반반씩 섞기로 했다. 실제 원시림에 가까운 곳에는 몇 명만 들어가서 촬영하고, 접근하기 쉬운 산에는 장비와 배우들이 대거 투입돼야 하는 장면을 찍을 때 촬영하러 갔다. 촬영지는 기본적으로 지리산을 비롯한 제천, 포천, 곡성, 합천, 남해, 전주, 대관령이 선택됐다. 나뭇잎이 떨어지기 전인 가을 장면은 주로 활엽수가 많은 완도에서 촬영했고, 영화의 반 이상을 차지하는 겨울 장면은 4월까지 눈이 녹지 않는 강원도에서 찍었다. 12월에서 5월까지 촬영을 진행해야 하는 상황에서 다행스러운 일이었다.

확정된 헌팅 장소를 이용해 최적의 '지리산 비주얼'을 만드는 방법을 둘러싸고 여러 의견이 나왔다. 호랑이가 CG인데 호랑이가 살아가는 지리산의 공간까지 세트로 만들면 더 어색할 것 같다는 의견이 오갔다. 결국 "배경은 진짜였으면 좋겠다"라고 박훈정 감독과 촬영감독, 미술감독 등 모든 스태프의 생각이 하나로 모였다. 지리산 속에 있는 사냥꾼들의 사냥막과 천만덕의 산막 등도 실내가 아닌 실제 자연환경 속에 짓는 방법이 적합하다고 의견이 모였다. 조화성 미술감독은 헌팅한 장소의 지형을 바탕으로 세트를 디자인했고, CG팀도 실제

촬영한 산의 지형에 맞춰서 호랑이를 그리기로 했다.

제작진이 그리고 싶은 영화 속 지리산은 수직적이고 강한 느낌의 산이었다. 특히 엔딩에서 대호와 천만덕이 만나는 장소 '상봉'은 지리산의 천왕봉보다 그 형태가 더 깎아지른 듯 높아야 했다. 그러나 실제로 가본 지리산은 험하지만, 산세가 비교적 수평적이었다. 적합한 비주얼을 찾고 보니 설악산의 모습이 상상한 이미지에 더 가까웠다. 결국, 영화에 나오는 지리산의 자락과 중간 부분은 지리산의 원래 느낌을 살리고, 중간부터 정상인 상봉까지는 설악산의 형태를 사용하기로 했다. 우리가 영화에서 보는 1920년대의 지리산은 사실상 지리산과 설악산을 섞어 만든 형태이다. 단, 영화에 등장하는 지리산 전경은 노고단에서 장비를 직접 메고 올라가 촬영한 것이고, 천만덕이 산을 헤집고 다니는 장면은 지리산의 구룡계곡에서 촬영했다.

한국의 산을 보여줘야 한다

조화성 미술감독은 로케이션 헌팅 단계부터 지리산의 숲에 관해서 여러 생각을 했다. 시나리오에는 밤 장면이 많았기 때문에 이모개 촬영감독과 함께 숲을 만들어보면 어떨까라는 논의를 하기도 했다. 팀 버튼의 영화 〈슬리피 할로우〉나 대작 미국 드라마 〈밴드 오브 브라더스〉, 〈왕좌의 게임〉의 경우 촬영을 쉽게 하고 어둠을 컨트롤하기 위해 아예 대규모 숲을 만들었다. 그런 작품을 생각하며 떠올린 아이디어였다. 10미터 정도 땅을 고른 뒤 나무를 심어 숲을 만들었다. 천으로 만든 돔으로 그 숲을 씌운 뒤 달빛도 만들어 조절하는 등 다양한 시뮬레이션을 해봤다. 숲과 대호의 은신처 동굴을 미니어처로 제작해보기도 했다.

대호의 은신처가 될 동굴 헌팅 자료사진

어떻게든 전혀 새로운 방식으로 영화에 접근해야 한다는 판단은 조화성 미술감독뿐만 아니라 모든 제작진의 생각이기도 했다. 박민정 프로듀서도 이렇게 덧붙였다.

"호랑이가 필요하면 실제 크기를 가늠할 수 있는 실물 크기 모형을 만들고, 숲이 필요하면 숲 모형을 만들어 가면서 모두 이해 가능한 보편적인 기준과 비주얼을 형상화하는 작업이 필요했던 거죠."

결국, 현실적인 여건이 허락하지 않아서 헌팅 콘셉트가 전면 수정되고 '숲 만들기'는 무산됐는데 두고두고 아쉬운 일이었다.

미술팀이 나무, 풀, 바위를 직접 옮겨
산속 풍경을 세팅하는 모습

지리산의 산세에 관한 조화성 미술감독의 관심은 사그라지지 않았다.

"한국의 산을 보여줘야 한다는, 어떤 사명감이 있었던 것 같아요."

촬영하는 내내 미술팀이 다양한 실제 나무와 인조 나무, 풀, 직접 제작한 인공 바위를 2.5톤 탑차 두 대에 싣고 다니다가 특공대처럼 이고 지고 옮겨서 촬영장 곳곳에 배치한 것도 그 생각과 상관이 있었다. 실제 장소가 아무리 좋아도 영화에서 어떻게 보이느냐가 더 중요하다. 배우의 동선이나 카메라 앵글에 따라 화면이 비어 보일 때는 현장에서 바로 빈 공간을 채워야 했다. 산에 있는 풀이나 나무를 함부로 베어 가면서 찍을 수는 없었다. 저 자리에 바위가 있었으면 좋겠다 싶을 때는 인공 바위들을 큐브를 조립하듯이 배치하고, 저쪽 나무는 가지가 더 무성하면 좋겠다 싶을 때는 나무에 올라가 각종 인공 가지를 달았다. 특히 이동 가능한 인공 바위는 다양한 크기로 많이 만들어 사용했다. 나중에는 미술팀이 "전국에 꽃꽂이하러 다녔다"라는 우스갯소리까지 할 정도였다. 조화성 미술감독도 웃으며 그 기억을 떠올렸다.

"귀한 집 자식들을 미술팀으로 데려다 놓고 결국 뛰어다니고 구르게 하면서 고생만 시켰어요. 그래도 그렇게 작업한 순간들이 가장 기억에 많이 남습니다."

일본군과 조선 포수대가 대호를 잡기 위해 횃불을 들고 지리산에 들어가거나 산을 폭파하는 장면을 찍으려던 장소에서는 갑자기 촬영 허가가 취소되는 경우도 있었다. 산에서는 담뱃불도 조심해야 하는데, 횃불을 들고 찍는다니 쉽게 허락될 리 없었다. 산을 훼손할지 모른다는 우려 섞인 시선도 받아야 했다. 반면, 〈대호〉의 의미를 생각해서 전폭적인 지원을 보낸 지역도 있었다. 폭파 장면을 찍을 수 있는 산을 수소문한 끝에 남해에 있는 개인 소유의 민둥산 '보물섬'을 빌렸다. 해당 관공서에 폭파 허가를 받은 뒤, 민둥산에 아주 원시적인 방법으로 촬영 준비를 위한 시뮬레이션을 했다. 먼저 차가 닿을 수 있는 가장 가까운 곳에서 크레인을 타고 최대한 높이 올라간 뒤 위에서 바라본 민둥산의 모습을 스틸 촬영했다. '폭파 숲'을 만들기 위한 밑그림 작업이었다. 몇 미터 높이의 나무를 얼마나 심어야 할지, 나무와 나무의 간격을 얼마나 띄어야 할지, 나무가 쓰러졌을 때 옆 나무에 영향을 미칠 수 있는 거리가 얼마일지 모든 것을 계산해놓아야 했다. 한 번 심은 나무 한 그루를 옮겨 심으려면 시간이 3일이나 걸리니 나무를 함부로 심을 수 없었다. 카메라 앵글의 최대 사이즈를 기준으로 나무를 심을 자리에 깃발을 꽂은 뒤 다시 크레인을 타고 올라가 사진을 찍었

폭파 장면을 위해 세팅한 깃발들

산속 폭파 장면의 시뮬레이션

다. 그 사진을 바탕으로 CG팀에서 동영상 시뮬레이션을 돌려 나무를 심을 최종 위치와 간격을 결정했다. 결정이 난 뒤 각 팀에서 필요한 시간을 계산해서 사전에 현장 준비 작업에 들어갔다. 중장비차가 민둥산의 비탈에 길을 내고 평탄하게 만들면, 미술팀이 다른 곳에서 가져온 죽은 편백 30~50그루와 특수 제작한 가짜 나무들을 계획된 위치에 심었다. 미술팀의 '지리산 꽃꽂이'가 절정에 달한 순간이었다. 그리고 현장에 늘 상주하는 전문적인 특수 눈 세팅 팀이 크레인을 타고 올라가 나무에 눈이 내린 것처럼 세팅했다. 마지막으로 특수효과팀이 폭파 준비를 한 뒤 두세 번 이 과정을 반복하고서야 제대로 촬영에 들어갈 준비가 끝났다. '지리산 되살리기'는 정말이지 무엇 하나 간단한 게 없다는 사실을 뼈저리게 느끼게 하는 과정이었다.

자연에 순응하며, 자연 그대로 담아내기

지리산 비주얼을 지배하는 중요한 요소 가운데 하나가 날씨다. 모든 영화마다 날씨가 중요한 변수이지만, 〈대호〉는 날씨가 프리 프로덕션과 프로덕션을 진행하는 데 미치는 영향이 무척 컸다. 영화 속 장면의 대부분이 겨울을 배경으로 하는데다가 영화 중반부터 눈이 점점 내리기 시작해 마지막에는 설원으로 뒤덮이는 설정이기 때문이다. 제작진이 원하는 시기와 장소에 눈이 얼마만큼 내릴지, 그 눈이 언제까지 녹지 않고 남아있을지, 내린 눈을 치워야 할지 더 덮어야 할지 예측하는 것이 필수였다. 이런 상황에서 기상을 체크하는 일은 더없이 중요한 일과였다. 프리 프로덕션 단계에서는 각 촬영지의 지난 30년 동안의 날씨 데이터까지 조사했다. 30년 동안의 달별 강설량과 습도, 풍속, 풍향 등을 고려해 촬영할 때의 상황을 예측하고 준비할 수밖에 없었다. 촬영이 시작됐을 때는 촬영 당일 바람의 세기, 낮과 밤의 온도, 강설량, 앞으로 찾아가야 할 지역의 날씨까지 미리미리 챙겨야 했다. 어느 지역에 눈이 왔다고 하면 제작팀이 먼저 가서 실시간으로 아침부터 저녁까지 시간대별 사진을 찍어왔다. 온도를 고려해 며칠 뒤에는 눈이 어느 정도 녹아있을 것이라고 계산한 뒤 촬영을 진행하는 식이었다. 철저하게 자연의 순리에 맞춘 이동 촬영이라고 할까.

최대한 실제로 눈이 내린 풍경을 카메라에 담으려고 했지만 부득이한 경우는 눈을 장면에 맞게 세팅해야 했다. 같은 눈이라도 내리는 눈, 쌓여 있는 눈, 녹다가 다시 얼어붙은 눈 등 때에 따라 형태가 모두 달랐다. 눈을 밟았을 때의

상봉을 세팅하는 모습

느낌이나 손으로 스쳤을 때의 느낌도 다양하게 표현돼야만 했다. 그러기 위해서 각기 다른 재질의 눈을 사용해 세팅했다. 종이, 소금, 자연에 해가 가지 않는 비료 등을 활용한 특수 재료부터 실제 얼음을 갈아서 녹은 눈의 효과를 내는 등 다양한 방법으로 눈을 만들 수 있었지만 되도록 진짜 눈이 내려 쌓이기를 기다렸다. 촬영하는 도중에 눈이 녹아버리면, 앵글에 잡히지 않는 숲에서 눈을 퍼다 날라 점점 줄어드는 눈의 높이를 맞춰가며 촬영을 진행하기도 했다. 그러나 스태프와 배우를 합쳐 150여 명이 오가는 현장에서는 눈에 발자국이 남기 마련이고 쌓인 눈도 녹을 수밖에 없어서 인공눈을 늘 상비해야 했다.

어쩔 수 없이 맨땅을 눈밭으로 만들어야 할 때는 어마어마한 물량과 준비가 필요했다. 엔딩의 '상봉' 장면을 위해서는 30톤의 특수 눈을 뿌려야 했다. 눈이 쌓인 세트가 그 무게를 견고하게 지탱할 수 있어야 해서 안전에도 세심한 주의를 기울였다. 예고되지 않은 폭설로 촬영장에 진입조차 하지 못할 정도로 고립됐을 때, 자연이 만들어낸 신비한 그림으로 카메라를 돌리는 일도 있었다. '최대한의 리얼리티'를 얻기 위해 프리 프로덕션부터 촬영이 끝날 때까지 지리산의 풍경을 만들어준 눈과의 사투는 그렇게 계속됐다.

'눈샤워'. 촬영 전 배우들이 반드시 거쳐야 하는 준비과정.

자연 그대로의 산을 온전히 담아내기

'지리산 되살리기'의 핵심은 앞서 말했듯이 자연 그대로의 산을 담는 것이었다. 그러려면 사람의 손길과 발길이 닿지 않는 곳을 찾아야만 했다. 〈대호〉 제작진은 점점 더 깊은 산속으로 들어갈 수밖에 없었다. 장비를 나르고, 이동하고, 하다못해 화장실에 다녀오는 것까지 모든 일이 평지보다 시간이 두 배는 더 걸렸다. 화장실을 한 번 다녀오려면 차가 다니는 길까지 걸어 나가 제작부가 준비한 이동차를 타고 나갔다가 다시 돌아오는 과정을 거쳐야 했다. 모든 장비도 손으로 날라야 했다. 발목을 덮을 정도의 눈밭에 장비를 지고 나르는 일은 엄청나게 체력이 소모된다. 장비팀의 수고를 덜어주기 위해서 일용직 인부들을 불러보기도 했지만, 하루도 못 가서 그만두기 일쑤였다. 감독, 배우들, 스태프들이 너나 할 것 없이 눈에 보이는 것들을 손에 들고 등에 지고 날랐다. 배우들의 매니저, 밥차 사장님, 보조출연자들을 태우고 온 버스 기사님까지 모두 예외는 없었다. 처음에는 체력적으로 아주 힘들었지만, 점차 시간이 얼마쯤 걸릴지 계산이 서고 이동하는 노하우도 생겼다. 어느 날, 누군가가 눈썰매를 들고 왔다. 눈썰매는 눈밭에서 최소한의 힘으로 최대한 많은 장비를 나르는 데 유용하게 사용됐다. 며칠이 지난 뒤에는 지게가 등장하기도 했다.

육체적으로 특히 힘든 촬영이 될 것을 감안해 스태프들이 온갖 방한 장비와 아웃도어 웨어로 중무장한 채 산을 올랐다. 배우들은 촬영장에 도착해 차에서 내리면 가장 먼저 이렇게 질문했다. "현장까지 얼마나 걸려요?" 차에서 내린 곳은 베이스캠프일 뿐이라는 사실을 잘 알고 있기 때문이었다. "오늘은 얼마 안 걸려요, 1킬로미터?"라고 말하면 "가깝네. 슬슬 걸어가지 뭐"라고 대꾸하고 등

산하는 기분으로 현장에 오르곤 했다. 준비 과정부터 산을 해쳐서는 안 된다는 마음가짐이 원시적인 촬영 환경을 받아들이고 적응하게 만든 셈이다. 감독, 배우, 스태프는 하도 산을 타다 보니 뜻밖의 건강을 덤으로 얻었다.

제작진은 산에서 안전하게 촬영하기 위해 사전에 안전 수칙도 마련했다. 산에서는 촬영을 마치고 정리하는 시간에 순식간에 해가 졌다. 그렇기 때문에 정리하는 시간을 고려해서 해가 지기 한 시간 전에 촬영을 끝내도록 스케줄을 짰다. 또한 누군가 미끄러지거나 고립돼도 도와줄 수 있도록 항상 두 사람 이상이 함께 움직이도록 했다. 대부분의 촬영 장소들이 깊은 산속이고 휴대전화가 불통인 지역이기 때문에 더더욱 주의해야 했다. 촬영 전 제작부가 항상 동화《헨젤과 그레텔》처럼 이동 경로를 안내하는 표지판을 세워놓거나 나무에 안전띠를 둘러 산에서 길을 잃지 않도록 신경 썼다.

촬영을 시작하기 전 박민정 프로듀서는 제작진을 대표해 산 입구에서 산을 향해 큰절을 두 번씩 했다.

"일종의 산에 대한 예의, 자연에 대한 예의라고 생각했어요. 아무리 조심해서 찍는다고 해도 고요한 산자락에 150명이 넘는 사람들이 한꺼번에 몰려와 소란을 피울 것을 이해해달라는 기도였죠."

어느 날 촬영을 하다 발목 넘게 쌓여있는 눈밭에 20센티미터도 안 되는, 한 폭의 길이 나 있는 것을 발견했다. 숲 입구부터 나 있는 그 길은 〈대호〉의 스태프들이 쌓인 눈을 최대한 보존하면서 깊은 숲 속으로 들어오고 나간 길이었다. 새로운 도전을 위해 그들만의 길을 만들어간 그 순간이 숲 속 깊숙하게 새겨진 셈이었다. 〈대호〉의 지리산 풍경은 그런 제작진의 마음에 응답해준 자연의 선물이라 해도 과언이 아니다.

〈대호〉를 말하다

한재덕 사나이픽처스 대표

—
〈대호〉를 제작하겠다고 결심한 이유는 무엇입니까?

안타까움 때문이죠. 더는 야생 호랑이를 볼 수 없다는 안타까움이오. 한국 호랑이가 1922년에 멸종했다는 공식 기록이 있잖습니까. 일본군들이 '해수구제 정책'이라면서 호랑이를 다 멸종하게 하고, 조선에서 잡은 호랑이 고기를 도쿄 호텔에서 고관대작들에게 접대했어요. 호랑이 가죽은 박제로 만들어서 자기들 용맹성을 과시했고요. 이런 일이 있었다는 사실을 많은 사람에게 보여주고 인간이 얼마나 잔인한 존재인지를 말하고 싶은 복합적인 바람이 있었다고 할 수 있죠. 그렇지만 가장 중요한 이유는 역시 안타까움입니다. 마지막 호랑이에 대한 안타까움이 컸습니다.

—
말씀처럼 호랑이가 나오는 영화입니다. 한국 영화에서 전에 없던 새로운 도전인데요.

CG가 큰 비중을 차지하니까요. 호랑이에 필적하는 배우도 있어야 하고요. 호랑이 영화가 한두 편 정도 기획된 적이 있었는데, 〈대호〉가 들어가면서 무산된 걸로 알고 있어요. 그래서 잘할 수 있을까 걱정이 더 컸습니다. 〈라이프 오브 파이〉의 CG를 맡은 회사에 연락했더니 그 회사가 부도가 났더군요. 그래도 해보자 마음먹었습니다. 다른 사람들이 이미 간 길은 재미없으니까. 우리에게는 호랑이를 닮은 최민식 형님도 있었으니까요.(웃음) 형님이 OK한 순간이 〈대호〉 제작이 결정된 순간입니다. 민식 형님이 안 한다고 하시면 접으려고 했거든요, 진짜로. 그런데 영화 〈만신〉 VIP 시사를 보러 가던 차 안에서 OK를 받았어요. 2013년 가을이었죠.

—
최민식이란 배우는 어떤 존재인가요?

저한테는 거의 전부예요. 많은 분이 최민식 배우를 사랑하는데, 저도 '최민식바라기' 가운데 한 명입니다. 지금껏 프로듀서로서 함께 다섯 편의 영화를 찍었어요. 대한민국 최고의 배우이면서 저한테는 동네 형 같기도 하고, 선생님 같기도 하고, 파계승 같기도 하고,(웃음) 매우 다양한 면모를 지닌, 한마디로 규정할 수 없는 형님이죠. 그 형님과 작업하면서 동생으로서 부끄럽지 않으려고 노력했습니다. 게다가 민식 형님이 호랑이상이에요. 호랑이 얼굴 반, 민식 형님 얼굴 반을 합쳐서 최초로 홀로그램 포스터를 만들어볼까 생각했을 정돕니다.(웃음)

—
시각효과 업체를 선정하는 과정이 무엇보다 어려웠을 듯합니다.

〈미스터 고〉를 만들었던 '덱스터'와 〈대호〉를 하기 전에 같이 일하던 CG 업체 등 국내 CG 업체 4곳과 비딩을 했습니다. '덱스터'는 서극 감독의 〈타이거 마운틴(智取威虎山)〉(중국 개봉)에서 호랑이를 만들어본 경험도 있었죠. 그런데 우리가 생각하는 호랑이 룩과 차이가 있었습니다. 프로듀서, 감독, 스태프들이 참여한 PT를 여러 번 거쳐서 결국 '4th Creative Party'(포스)가 CG 작업을 맡게 됐습니다. 포스에서 해외 테크니션들까지 섭외해서 1년 동안 비주얼 이펙트(VFX) 과정을 진행했습니다. 호랑이가 야옹이처럼 나오면 큰일 난다, 난 할복하겠다, 그렇게 CG팀을 협박하면서 시작했죠.(웃음) 사실 〈대호〉는 호랑이 외에도 많은 부분에 CG가 필요했습니다. 시간과 예산의 한계에 부딪힐 수밖에 없었어요. 그래서 아쉬움도 있지만 정말 최선을 다했습니다. 편집본을 보면 존재하지도 않는 호랑이와 연기를 했는데 다들 어찌나 잘하는지. 너무 예쁘고 짠했습니다. 이걸 해낸 감독, 배우, 스태프들 모두 다 업고 다니고 싶은 심정입니다. 우리가 했지만 뿌듯해요. 흥행은 아무도 모르는 문제죠. 스태프와 배우들이 자랑스러워했으면 좋겠습니다. 예산이 풍족하지 않았다는 사실 자체가 핑계가 될 수는 없지만, 그 부분에서 조금만 더 여력이 있었으면 좋았을 거라는 아쉬움이 남기는 남죠. 만감이 교차합니다.

—
순 제작비가 140억가량 됩니다. 예산을 어떻게 편성하셨나요?
CG 예산이 전체의 3분의 1을 차지합니다. 나머지는 배우와 스태프 인건비, 장비비, 진행성 경비죠.

—
〈대호〉를 진행하면서 제작자로서 가장 중요하게 생각한 부분이 무엇입니까?
호랑이가 처음 등장할 때 실제 호랑이 같아야 한다는 것이죠. 시베리아 호랑이의 강렬함이 나왔으면 한다고 CG를 맡은 '포스'에 강조했습니다. 그 외에 가장 중요했던 것은 무조건 안전이죠. 촬영 초기에 특수눈 세팅 팀의 한 명이 발이 부서지는 복합 골절을 당했어요. 크레인이 강풍에 꺾여서 부러지기도 했죠. 다행히 스태프들이 있는 방향이 아니라 숲 쪽으로 꺾여서 인명 피해는 없었습니다. 촬영 내내 너무 추웠어요. 위험한 산속에서 촬영하니까 안 다쳤으면 좋겠다, 사고 없이 찍었으면 좋겠다는 마음이 가장 컸습니다. 제가 좋아하는 페데리코 펠리니 감독이 이런 말을 했어요. "내 감수성의 원천은 계약서의 사인이다. 사인한 순간 시나리오를 쓰게 된다." 우리는 영화를 만드는 일이 직업입니다. 놀이 문화의 정점에 있는 일을 하니까 놀이

처럼 비칠 수 있지만, 사실은 체력적으로도 정신적으로도 스트레스가 많은 직업이에요.

—
〈대호〉의 이야기가 현재를 살아가는 사람들에게 어떤 울림을 줄 수 있다고 생각하십니까?
사실 영화를 만들면서 거창한 소명 의식을 가져본 적이 없습니다. 이 이야기가 만들어지는 걸 보고 싶었을 뿐입니다. 호랑이와 민식 형님의 투 숏, 그런 장면을 담는 영화가 나오면 어떨까? 그런 영화가 나올 때도 되지 않았을까? 그런 생각뿐이었습니다. 다만, 그 마지막 호랑이를 일본이 아닌 자기 손으로 죽여야 한다고 생각한 사람의 마음은 어땠을지 떠올려봤죠. 제가 "우리 영화 야옹이 영화야, 〈전설의 고향〉이야"라는 농담도 하고 않는 소리도 하고 그랬지만 사실 '부끄러운 과거도 우리의 일부'라는 생각으로 만들었다고 할 수 있어요.

—
최민식 배우, 박훈정 감독과 함께 시나리오에 대한 깊이 있는 논의를 했다고 들었습니다.
민식 형님이 업에 대한 얘기를 많이 하셨죠. 그걸 표현하는 게 쉽지 않거든요. 대호를 너무 의인화하지 말았으면 좋겠다는 이야기도 하셨어요. 박훈정 감독이 쓴 〈대호〉 시나리오 자체에도 향기와 격이 있었는데, 민식 형님과 협의하면서 작품의 향기가 더 짙어졌죠. 깊은 맛이 우러나왔다고 할까.

다른 배우들의 캐스팅은 어떻게 진행됐습니까?

예산이 클수록 스타 캐스팅으로 리스크를 줄이는 게 기본이지만 우리 영화는 역할에 맞는 좋은 배우들을 캐스팅했죠. 구경 역 정만식, 칠구 역 김상호는 정말 딱 맞는 캐스팅이죠. 류 역의 정석원도 그렇고요. 그분들 모두 〈대호〉를 하는 동안 다른 작품을 하지 않았습니다. 특히 전 상호 씨 팬이 됐어요. 우리 영화에 김상호 씨의 반응 숏이 없었으면 어땠을까 싶었죠. 저도 박훈정 감독도 팬인 마에조노 역의 오스기 렌은 민식 형님의 일본 쪽 에이전트이기도 하신, 영화사 시네콰논의 이해숙 부사장님이 연결해주셨습니다. 사실 역할이 스테레오 타입이라고 볼 수도 있는데 기꺼이 맡아주셔서 감사할 뿐이죠. 엄청나게 바쁘신 분인데 축구를 좋아하셔서 그 와중에 많은 이야기를 나눴어요. 포수대원들은 〈신세계〉 때 연변 거지로 나온 배우들, 〈무뢰한〉과 〈남자가 사랑할 때〉에도 함께 한 배우들이 들어가 있죠. 심지어 〈남자가 사랑할 때〉의 한동욱 감독도 포수대 일원을 연기했습니다. 포수대 일원이자 호랑이 대역을 해준 곽진석도 고맙게 생각합니다. 호랑이 대역은 얼굴도 안 나오는데도 그렇게 열심히 해줬으니까요.

만덕의 아들 석이 역 성유빈도 반짝반짝했습니다.

정말 보석 같은 캐스팅이었죠. 캐스팅 초기에 만덕의 아들 석이와 칠구의 딸 선이는 영화보다 나이가 좀 더 있는 편이었는데, 나이를 낮췄습니다. 좀 더 어린 아들이어야 만덕의 슬픔이 더 크지 않을까 싶어서죠. 영화를 한두 편, 그것도 단역 정도 출연했던 아역들로 오디션을 보기 시작했죠. 유빈이가 오디션에서 정말 연기를 잘했습니다. 민식 형님이 보시고는 유빈이에게 "너 집에 가 있어. 아무것도 하지 말고 딱 기다리고 있어!"라고 했죠.(웃음) 석이 역으로 유빈이가 만장일치였습니다. 근데 오디션 때 중 2였던 녀석이 촬영 중에 키가 부쩍 크기 시작해서 지금은 만덕만큼이나 커졌죠. 이거 계약 위반 아니냐고 한소리 했습니다.(웃음)

스태프 중에서는 이모개 촬영감독과 새롭게 작업하시는데요.

이전부터 이모개 촬영감독과 꼭 한번 작업해보고 싶었습니다. 〈좋은 놈, 나쁜 놈, 이상한 놈〉, 〈마이웨이〉, 〈의형제〉 등 너무 잘 찍었잖아요. 한마디로 잘 찍어요. 산짐승같이 생긴 것도 마음에 들어.(웃음) 산이 나오는 영화를 산짐승 같은 촬영감독이 찍어야지. 그래서 사나이픽처스의 다음 영화 〈아수라〉의 촬영도 맡았습니다. 저희 스태프들은 다 유명해서 미리미리 예약해야 합니다.(웃음)

런던 애비 로드 스튜디오에서 음악 작업을 한 것도 야심 찬 시도로 보입니다.

애비 로드 스튜디오는 〈군도 : 민란의 시대〉 음악을 녹음할 때 처음 갔는데 정말 좋았습니다. 조영욱 음악감독이 애비 로드에 가보자고 처음 제의했죠. 워낙 비싼 스튜디오인 데다가 레코딩하고 싶다고 막 할 수 있는 일이 아닙니다. 사전에 1년 단위 스케줄이 짜여 있기 때문에 그 스케줄이 비는 틈을 파고들어야 우리 영화 작업을 할 수 있는 거죠. 그런데 불멸의 아티스트들이 녹음을 했던 스튜디오 아닙니까. 〈반지의 제왕〉 시리즈, 〈스타워즈〉 시리즈, 〈킹스 스피치〉, 〈그래비티〉, 〈007 스카이폴〉의 음악 작업도 했어요. 스튜디오 안에 그 영화들의 포스터가 쫙 붙어있었죠. 제가 엔지니어를 반 협박한 끝에 〈호빗〉 포스터 옆에 〈군도〉 포스터를 붙였습니다.(웃음) 나중에 후배 영화인들이 와서 그걸 보면 얼마나 뿌듯하겠어요. 〈대호〉를 위해서도 다시 갈 가치가 있었죠. 〈대호〉 포스터도 꼭 걸고 싶습니다.

—
믹싱 작업은 어떻게 진행됐습니까?
2015년 11월 2일 한국에서 출발해 런던에 도착했고, 오케스트레이션 녹음에 1주일, 믹싱에 1주일이 걸렸습니다. 〈군도〉와 〈그래비티〉를 작업한 믹싱 엔지니어 샘 오켈이 62인조 오케스트라와 40인조 소년 합창단의 소리를 믹싱해줬습니다. 호랑이 테마를 영국의 베테랑 연주

자들이 연주하고 소년 합창단이 합창하는 순간 소름이 돋았습니다.

—
모든 장면이 그렇겠지만, 그래도 가장 애착이 가는 장면이 있다면요?
시나리오 상에서는 호랑이가 처음 등장하는 장면, 완성된 영화에서는 일본 철포회수대와 싸우는 장면입니다. 그 장면은 음악을 녹음하면서도 매우 신경 썼어요. 철포회수대와 전투하는 장면을 보고 이 영화의 티켓 값이 절대 아깝지 않다고 느꼈으면 좋겠다는 바람이 있습니다. 그리고 대호가 늑대들을 물리치고 석이를 핥아주는 장면을 꼽을 수 있죠. 제가 봐도 짠하더군요. CG팀에게 대호가 두 번은 더 핥아주게 하라고 했습니다.(웃음) 어차피 이 영화는 냉정하게 시베리아 호랑이의 일대기를 그린 다큐멘터리가 아니라 동화 같은 이야기이기 때문에 관객들도 그런 마음을 느꼈으면 좋겠습니다.

천만덕,
그리고
사람들

천만덕

최민식(주연)

"본시 어느 산이 됐건 산군님들은 건드는 게 아니오."

한때 호랑이 사냥꾼으로 명성이 자자했으나 지금은 총을 들지 않는
비운의 명포수. 늦장가를 가서 얻은 늦둥이 아들 석이와 산막에 은거하며
약초를 캐서 근근이 생활한다. 지리산 지형에 익숙하고
대호가 다니는 길목을 꿰뚫고 있다. 조선 포수대의 도포수 구경과
일본군 장교 류가 대호 사냥에 끌어들이려 애쓰는 인물이기도 하다.

"잡을 놈만 잡는 것이 산에 대한 예의인겨."

천만덕을 연기한 최민식은 영화의 출발점과 같은 존재다. 완성된 영화를 보기 전이나 보고 나서도 최민식이 아닌 다른 천만덕은 잘 떠오르지 않는다. 최민식 자체가 〈대호〉의 정신이기도 하다. 최민식은 처음부터 이 영화의 드라마가 지닌 의미를 강조해왔다.

"테크니컬한 기술이 영화의 전반을 지배한다면 오히려 작품이 내포한 정서가 그 기술을 눌러야 합니다. 그래서 그 기술이 너무나 자연스럽게 드라마에 녹아내리도록 말이죠. 그것이 이 작품의 승패를 좌우하는 관건이 아닌가 싶어요."

천만덕의 직업관에 생명의 정서를 불어넣은 것도 최민식의 힘이다. 평생 살벌한 사냥꾼의 세계에서 거칠게 살아온 사내가 느지막이 결혼해서 얻은 자식을 통해 변해간다. 최민식은 그 과정을 통해 아버지의 마음에 가닿는 만덕을 표현한다. "자식은 곧 자신이 여태까지 살아왔던 생명을 죽이는 일에 정반대되는 정서거든요. 새로운 생명을 얻게 되는 것이란 말이죠. 사실은 천만덕의 어떤 정서적인 변화가 거기서 시작되었다고 해도 과언은 아닐 것 같아요."

천만덕을 준비하고 연기하는 내내 〈대호〉 식구들을 챙기는 '큰 어른'이 되어준 최민식. 프리 프로덕션 중에도 스태프처럼 일주일에 몇 번씩 사나이픽처스의 사무실에 출근했다. 연출팀과 제작팀 대부분은 〈범죄와의 전쟁 : 나쁜 녀석들 전성시대〉, 〈신세계〉 때 함께 작업한 스태프들이라서 그런 최민식의 모습이 익숙했다. 오늘은 무슨 자료를 조사하는지 자연스레 묻고, 참고할 만한 동영상을 찾으면 함께 보고, 연출팀 책상에 꽂힌 책이나 문서도 알아서 빼보곤 했다. 그날그날의 일정이나 회의를 보면서 자연스럽게 천만덕이 촬영할 곳, 천만덕의 의상, 천만덕의 소품을 익혔다. 일에 치여서 지친 막내 스태프에게 농담도 건네고 혼자 회의실에서 자료를 훑어보다가 식사 때가 되면 함께 짜장면을 시켜먹는 일도 다반사였다.

"겉으로는 장난처럼 편하게 계셨지만 그렇게 선배님은 스스로 천만덕이 되기 위해 자연스럽게 하나씩 준비하고 계셨던 거죠." 박민정 프로듀서의 기억이다.

현장에서도 그 자연스럽고 든든한 존재감과 유연함이 중요한 역할을 했다. 박민정 프로듀서는 "최 선배님은 처음 만난 스태프들이라면 팀의 막내까지도 가볍게 이름을 물어서 두 번째 만났을 때는 그 이름을 항상 외우고 계십니다. 절대로 두 번 물어보시는 경우가 없었죠"라고 말한다. 스태프들과 영화 이야기뿐 아니라 집안일, 여자 친구 이야기, 고민 상담까지 스스럼없이 나눴기 때문에 최민식의 존재는 6개월 동안 전국의 산을 누벼야 하는 스태프들과 동료 배우들에게 큰 위로가 됐다.

스태프들과 장난을 치다가도 카메라가 돌면 전혀 달라지는 집중력은 현장을 더 뜨겁고 단단하게 만들었다. 무엇보다도 늘 "산은 오르는 게 아니라 바라보는 것"이라고 주장(!)했던 최민식이 〈대호〉를 위해 산을 탔다는 것도 흥미롭다. "최민식 선배님이 산에 안 가서 그렇지 가면 날아다닌다고 하셨어요. 괜찮다고. 더 할 수 있다고. 하하. 대부분의 촬영 현장이 내비게이션에도 잘 안 잡히는 험산 산속이었는데 잘 찾아오셨습니다." 박훈정 감독의 증언(!)이다.

현장에서 의외로 아기자기한 장난도 최민식의 몫이었다. CG 작업을 위해 사용하던 블루천 호랑이에게 최민식이 어느 날 눈, 코, 입을 그려주기도 했다. 작은 호랑이 인형도 늘 안고 다니며 "이분이 귀한 분이야"라고 하며 존재감을 만들어준 덕분에 언제부터인가 스태프와

배우들 모두 인형과 대화를 나누게 됐다.

급기야 호랑이가 나오는 장면에 카메라 세팅이 끝나고 나면 누군가 "준비됐습니다. 김대호 씨 오세요~"라고 하기 시작했다. 촬영 현장에 대역을 내보내고 끝끝내 나타나지 않았던 김대호 씨는 영화 후반 작업 과정에서야 CG팀과 함께 모습을 드러냈다. 하늘 같은 선배 최민식은 "신인 배우 주제에 너무 늦장을 부렸지만, 연기력은 훌륭하

다"라는 평을 내렸다.

박훈정 감독은 최민식을 "반전이 없는 배우"라고 부른다. "역시 좋기 때문이죠. 대부분의 장면 다요. 카메라를 대면 말 그대로 배우의 얼굴이죠. 늘 똑같은 얼굴인데도 이 역할을 맡으면 이 얼굴 같고 저 역할을 맡으면 저 얼굴 같고. 전 최민식이라는 배우의 얼굴 자체가 너무 좋습니다. 촬영할 때보다 편집할 때 더 많이 느낍니다." 천만덕의 얼굴이 된 최민식의 얼굴은 말 그대로다. 반전이 없이 역시 깊다.

석이

성유빈(조연)

"도대체 불은 언제나 댕겨 본대유?"

천만덕이 중년에 얻은 아들로 현재 파릇파릇한 열여섯 살이다.
명포였던 아버지를 이어 포수가 되고 싶어 한다.
업에 대한 만덕의 가르침을 받지만, 시대가 바뀌었으니
왜놈들 세상에서 새로운 방식으로 먹고 살아야 한다고 여긴다.
마을 포수 칠구의 딸 선이(현승민)와 혼인하고 싶어 하나
칠구 처(라미란)의 반대에 부딪힌다. 결국 산에서 내려와 포수대에 들어가
대호를 잡으려 한다.

"어차피 잡힐 거… 아부지랑 내가 함 잡아 불면 어떠까…?"

석이는 무뚝뚝하지만 다정한 아버지 밑에서 자라 구김살 없고 순수한 성격이다. 아버지의 꾸지람에 굴하지 않고 거친 포수대 사내들과도 잘 어울린다. 일찍 세상을 뜬 어머니 말년(이은우)을 향한 만석의 애정도 기억하고 있다. 이렇게 시대의 변화를 알고 있는 애어른다운 면과 소년의 순수함을 함께 소화할 수 있는 아역 배우를 찾기 위해 제작진은 세 차례의 오디션을 거쳤다. 몇몇 후보와 함께 마지막 관문까지 올라온 성유빈은 그때 열다섯이었다. 박훈정 감독은 "오디션을 봤는데 유빈이가 거의 마지막이었던 걸로 기억한다. 말 그대로 진짜 잘했다." 얼마 지나서 사나이픽처스의 호출을 받고 온 성유빈은 최민식과 꽤 오랜 시간 직접 대본 리딩을 했다. 그날 박훈정 감독과 최민식은 완전히 마음의 결정을 내렸다. 리딩이 끝난 순간 만장일치로 "얘!"라고 했다. 박민정 프로듀서도 성유빈의 오디션을 이렇게 기억한다.

"인사를 나눌 때는 여느 아이들과 다를 바 없는 소년이면서도 리딩을 하는 순간 대선배 앞에서 주눅이 들지 않는 연기를 펼쳐 많은 점수를 받았던 것 같습니다. 말수가 적고 부끄러움을 많이 타는 모습이 오히려 천편일률적으로 교육된 아역 배우들의 모습과 달랐죠."

100대 1의 경쟁률을 뚫고 현장에 온 '석이' 성유빈은 모든 스태프가 엄마, 아빠, 누나, 형이 돼줄 정도로 사랑을 많이 받았다.

석이를 연기한 성유빈의 심정은 천만덕을 설명할 때 드러난다. "저희 아버지는 약사발을 한 그릇 건네주셔도 따뜻하게 주세요. 뜨겁지 않고 미지근하게요. 그리고 '춥다, 문 닫아라' 하시는 걸 보면 자상한 면도 느낄 수 있어요." 최대한 현장에서 편하고 세세하게 설명해주고 자신감을 북돋아 준 최민식을 향한 애정도 느낄 수 있다. "아버

지와 농담하는 장면이 처음에는 어색했지만 (최민식)선생님이 석이가 아버지랑 좀 더 친해야 한다, 더 살갑게 진짜 아버지인 것처럼 대하라고 초반에 계속 말씀하셨거든요. 그래서 그렇게 하려고 많이 노력했어요. 선생님이 말씀해주신 것도 올바르지만, 제 생각대로 하라고 하셨어요. 제 목소리 톤이 낮으니까 자신감이 없어 보인다고 자신 있게 하라고도 계속 조언을 해주셔서 감사했죠." 석이로 살았던 6개월을 긴장과 기대 속에 지낸 성유빈은 "굉장히 남자답고 멋있는 영화"라는 소감을 밝힌 <대호>에서 군대에 가기도 훨씬 전에 총을 드는 경험까지 했다.

석이

구경

정만식(포수대1)

조선 포수대의 도포수(사냥을 지휘하는 우두머리 포수)이다.
칠구를 포함한 포수대 열 명, 몰이꾼,
길라잡이들과 함께 움직인다.
과거 대호를 사냥하다가 동생을 처참하게 잃고
자신도 얼굴에 큰 흉터를 입은 뒤
대호를 잡기 위해 수단과 방법을 가리지 않는다.
일본군과 일하며 만덕을 끌어들이려 하고
어린 석이가 포수대에 들어오는 걸 말리지 않는다.

"형님이나 나나 고놈 애꾸범 새끼 간을 내다 씹어야만 풀리는 한 이요. 그전엔 절대 잊을 수 없소."

똑같이 대호를 사냥했고 똑같이 피붙이를 잃었지만 천만덕은 총을 놓고 구경은 불을 댕긴다. 은둔과 복수, 그 차이를 정만식은 이렇게 말한다. "천만덕은 '산은 지배할 수 없다, 산이 무엇이든 내 것은 아니다'라고 생각했지만, 구경은 반대였습니다. 구경은 '잡을 수 있다, 산은 만들어지고 내가 잡으면 지배할 수 있는 것'이라고 생각한 것 같아요. 욕망이 달랐던 거겠죠."

최민식이 강력하게 추천해 캐스팅된 정만식에게 〈대호〉는 특별하다. 시나리오 자체가 남자가 보기에 멋졌다. 구경이라는 인물에게는 화가 나고 아팠다. 만약 구경이 정말 대호를 잡았다면 그다음에는 무얼 했을까? 만주에서 독립군으로 살지 않았을까도 상상했다. '어떤 사람의 목표와 희열, 허탈함을 표현하려면 진짜로 매진해야 한다.'라는 생각이 정만식을 뜨겁게 했다. 일제 강점기의 상황도 가슴을 들끓게 했다. 영화를 하면서 그렇게 많은 자료를 받아본 것도 처음이었다. 그 자료들을 보면서 많이 울었다. 늘 긴장했고 그 긴장을 끝까지 유지하기 위해 노력했다. 호랑이 관련 온갖 동영상을 다 찾아봤다. 호랑이의 움직임에 익숙해져야 구경이 순간적으로 호랑이의 기척을 느끼는 모습을 진짜로 표현할 수 있을 것 같았기 때문이다. 그렇게 상상하고 몸을 움직였다.

박훈정 감독은 두 가지를 당부했는데, 가장 먼저 "절대 웃지마"라고 했다.

"구경은 웃을 필요도 없고 웃어야 할 일도 없거든요. 항상 날이 서 있는 캐릭터라 그냥 힘 빼고 연기해도 충분히 센 캐릭터죠. 정만식은 굉장히 자연스럽게 연기를 잘하는 배우라서요. 촬영 들어가기 전에 너무 가볍지도 무겁지도 말라고만 당부했습니다."

그리고 또 한 가지. '얼굴 살을 빼 달라'라고 했다. 구경의 얼굴에 날카로운 인상이 필요해서다. 원체 술을 좋아하는 정만식은 한약까지 지어 먹으며 날렵한 몸을 만들려고 애썼다. 그 정도로 캐릭터의 호흡을 놓치지 않기 위해 사전에 준비를 많이 했다. 특수 분장으로 흉터를 만들어야 하기 때문에 칼바람 부는 새벽에 다른 배우들보다 1~2시간 먼저 현장에 나와야 했지만, 불평 한 번 하지 않았다. 다만, 폐쇄적이고 날카로운 구경의 성격으로 6개월을 살다 보니 집에서도 폐쇄적으로 변했다. 잠꼬대를 하고 아내와 이야기할 때도 말을 툭툭 내뱉게 됐다. 웬만해서는 역할에서 잘 빠져나오던 정만식이 배우로서 처음 겪는 경험이었다. "진짜 열심히 했다"라는 정만식의 말은 그냥 하는 말이 아니다.

칠구

김상호(포수대2)

만덕과 구경하고 다르게 생활밀착형 포수다.
처자식들을 먹여 살리기 위해
호랑이도 사냥하고 늑대도 사냥한다.
할 줄 아는 게 사냥뿐이기 때문에
꼴보기 싫은 일본인들과도 일한다.
과거에 만덕과 구경하고 함께 대호를 잡으러 다녔고
현재도 구경과 함께 대호를 쫓는다.
그러나 대호와 만덕이라는 두 아비를 끌어들이기 위해
자식들을 이용하려는 구경의 방식을 불편해한다.

"이래까지 하는 건 아이다 아이가? 방법이 좀 드럽다."
칠구 역을 맡은 김상호는 〈대호〉 시나리오를 보고 가슴이 너무 뛰어서 약속한 다른 영화를 마다하고 출연했다.
"대본을 계속 읽는데 그림이 그려지잖아요. 그런 대본들이 있어요. 그림이 들리는 대본. 추운 겨울, 눈발이 막 날리면서 총을 들고 가만히 기다리는 포수의 모습. 뛰는 사람들. 그러면 해야죠. 제 심장이 흔들리니까요."
극 중에서 가장 끈질긴 생명력을 자랑하는 캐릭터가 바로 칠구다. 김상호 역시 칠구를 '그럼에도 불구하고 살아가려는 사람'이라고 말한다.
"일제 강점기를 산 많은 사람이 취한 포지션이겠죠. 대호는 칠구에게 살아가는 하나의 방법이고요. 마음으로는 일본의 잔학한 방법과 전통 사냥꾼의 도에 어긋나는 방법을 쓰는 걸 불편해하지만, 결국 그걸 합니다. 살아가야 하니까. 그게 칠구죠."
김상호가 특히 중요하게 생각한 칠구의 모습은 호랑이의 냄새를 맡고 뛰어갈 때와 그렇지 않을 때다. "그때의 마음가짐이 얼굴에 나오거든요. 마음 없이 연기하면 얼굴에 표시 납니다." 그렇게 칠구의 정서를 만들기 위해 노력한 김상호에게 박훈정 감독은 더더욱 "하고 싶은 대로 하시라"라고 했다.

김상호는 외모부터 캐릭터와 싱크로율이 높았다. 어떤 상황에서도 적응력 강한 칠구의 모습으로 현장을 누볐다. 현장에서 걷기를 즐기고 걷기 힘들면 "썰매 타고 가면 되지 뭐~" 하며 '룰루랄라' 썰매를 타며 추운 세팅 시간을 기다리기도 했다. 그러나 속마음은 '잘해야지, 오늘 실수 없이 잘해야지'라는 생각뿐이었다니 의외다.
구경을 뒷받침해주는 생활형 포수로서도 영화 안팎을 넘나들었다. 항상 날 선 구경의 캐릭터 때문에 혼자 있어야 하는 시간이 많았던 정만식 대신 늘 포수대 후배들을 챙기는 생활반장 역할도 톡톡히 했다.
"영화 현장은 100% 똑같은 꿈을 꾸고 있는 사람들이 와 있는 곳입니다. 누가 떠밀어서 온 사람이 없어요. 똑같은 꿈을 꾸는데, 난 어쩌면 다른 사람들보다 꿈에 가까이 와 있잖아요. 그럼 다른 사람들을 즐겁게 해줘야죠."
김상호의 칠구는 그렇게 6개월 동안 〈대호〉 식구들을 행복하게 했다.

조선 포수대원들

우정국, 박인수, 유재명, 박지환, 한동욱,
안상우, 연준원, 권지훈, 곽진석, 나주호

포수대 열 명은 촬영이 끝나면
김상호의 주도로 술을 마시며 친해졌다.
"포수대가 대부분 연극 후배들이거든요.
빨리 지치면 안 되니까,
서로 담을 쌓거나 불편한 게 있으면 안 되니까,
그럴 땐 술이 젤 좋지!"
영화에 나오지 않지만, 포수 역을 맡은 배우들도
각각 자신만의 사연과 설정을 서로 의논해가며 만들었다.
엑스트라는 가라고 하면 그냥 가지만,
배우들은 본능적으로 어떻게 가야 할지 고민해
드라마를 만든다.
누구 하나 도드라져서는 안 되기 때문에
'포수대'라는 이름으로 묶여 있지만,
포수대 덕분에 〈대호〉의 결이 더 풍성해졌다고 믿는다.

조선 포수대원들

마에조노

오스기 렌(대호 사냥 배후)

"내가… 그놈을 얼마나 가지고 싶어 하는지는 잘 알고 있겠지?"
마에조노는 일본 총독에 버금가는 육군 고관이다. 함경도에서 보내
온 호랑이 가죽을 보고 "다 우수리 범이네. 그런 건 총독이나 갖다
줘"라는 대사가 마에조노의 지위를 말해준다. 권력의 정점에 있는
마에조노는 본국으로 가기 전 '조선 호랑이의 왕'을 갖고 싶어 한다.
오스기 렌은 그런 마에조노에게도 "마음의 깊이가 필요했다"라고
말한다.
"박훈정 감독이 연장자로서 여유를 연기해달라고 하셨어요. 그걸 마
에조노의 마음이라고 하나요. 재미있는 연출이었죠."
박훈정 감독은 마에조노 역에 오스기 렌이 거론되자 혹시나 하며 시
나리오를 보냈다. 긍정적으로 응답해줄 것이라고 생각도 못 했다.
"일본군이 조선의 땅을 유린하고 조선 호랑이의 씨를 말리는 내용이
잖아요. 그런데 시나리오 마지막 장면에서 울컥하셨다더군요." 그렇
게 오스기 렌은 마에조노가 됐다.
기타노 다케시의 영화 〈소나티네〉와 〈하나비〉를 본 사람이라면 오
스기 렌을 모를 리 없다. 최양일, 수오 마사유키, 고레에다 히로카즈
의 초기작과 그 밖의 셀 수 없이 많은 영화와 드라마에서 활약해온
오스기 렌이 마에조노 역을 맡은 것은 놀랄 만한 일이다. 한국 영화
〈순애보〉의 일본 장면에 출연했지만, 실제 한국에서 한국 영화를 찍
는 것은 〈대호〉가 처음이다. 오스기 렌은 일본에서 첫 미팅을 할 때
부터 박민정 프로듀서와 박훈정 감독에게 "출연이 설렌다"고 했다.
최민식 배우와 함께 연기를 하고, 늘 궁금했던 한국 영화 현장을 경

험하고, 직접 한국의 산을 돌며 촬영을 해야 하는 일정을 모두 설레
어했다. 도쿄 시내를 함께 걸으면 팬들이 몰려들 만큼 유명한 배우이
지만, 한국에 오면 소탈한 시간을 보냈다. 숙소 근처 읍내의 작은 가
게에도 들르고 현장 밥차에서 준비한 한국 반찬 하나까지 신기하고
재밌어했다. 모든 것을 한국 영화의 방식 그대로 경험하려는 배려였
다. "계속해서 조선인들의 기를 살려 줄 생각이 아니라면 어떻게든
하루빨리 놈을 잡아내야 해"라는 마에조노의 단호한 모습하고 다르
게 오스기 렌은 실제로 부드럽고 멋스러웠다. 박훈정 감독과 〈대호〉
는 오스기 렌에게 "쉽게 타협하지 않고 완성했을 때의 기쁨을 배우
한테 온전히 맛보게 해준 경험"이다.

류

정석원(대호 사냥 배후)

젊은 나이지만 포수대의 대장이며 직급은 소좌다.
원래 조선인이었지만 이름을 바꾸고 일본인으로 살아간다.
마에조노의 눈치를 보면서
구경과 포수대를 다그쳐 대호를 잡으려 한다.
공을 세워 지리산 산골짜기를 벗어나
만주로 가고 싶은 야욕이 있기 때문이다.

"누가 조선인이라는 건가!"

류는 그 시대를 살아가던 사람들의 또 다른 모습이다. 영화에서는 전형적인 친일파로 보이지만, 일본의 앞잡이가 될 수밖에 없는 사연이 있다. 마을에서 어린 시절을 보낸 류는 세상이 바뀌자 재빨리 일본으로 건너가서 장교로 돌아온다. 류의 아버지는 포수대에서도 가장 아랫사람이자 벙어리였기 때문에 놀림을 받았던 기억이 있다. 어릴 때 아저씨로 불렀던 만덕, 칠구, 구경, 포수대원들에게 하대를 하는 것도 그런 과거 때문이다. 어린 시절을 부정하고 싶지만, 과거를 아는 사람들이 많으니 하루빨리 만주로 떠나고 싶어 한다. 류의 출세욕이나 명예욕을 설명해주는 부분이지만 영화에는 등장하지 않아서 아쉬울 뿐이다.

정석원은 현장에서 모든 배우가 부러워한 배우였다. 대선배인 최민식한테서 1:1 개인지도를 받았기 때문이다. 자신의 촬영이 없는 날에도 현장에 나와서 정석원의 연기를 보고 때로는 호되게 때로는 친근하게 다독여준 최민식은 배우 정석원에게 든든한 버팀목이었다. 정석원은 그런 상황을 이렇게 기억한다.

"선배님이 진짜 식사도 안 하시고, 저랑 계속 연기에 관해서 이야기하시고, 장면에 대해서 말씀해주시는데 꿈만 같았죠. 너무 감사드리는데 어떻게 표현을 못 하겠더라고요. 제가 할 수 있는 선에서 정말 최선을 다하자는 마음뿐이었습니다."

김상호, 정만식, 오스기 렌과 함께 하는 순간에도 흥분을 감추지 못했다. 박훈정 감독과 미팅을 하기 전부터 스스로 일본어 교사를 찾아 일본어를 연습할 정도로 노력했다. 덕분에 마에조노의 눈치를 살피던 류와 달리 오스기 렌과는 현장에서 둘도 없는 단짝이 됐다.

그때 그들의 비주얼

조화성 미술감독

"1920년대의 지리산 마을이라면
조선 시대의 느낌이 더 남아있다고 봤죠.
시간이 실제 1920년대보다
다소 역행해야 하는 게
맞겠다고 판단했습니다.
전기, 오토바이 같은 신문물,
신식 총을 쓰는 일본군이
그런 생활상 안에 스며들어오게
표현하고 싶었어요.
그러니까 그 시대 그 지역에 살던
어떤 사람들의 풍경에 덤덤하지만
진한 향기가 있는 느낌이
이 영화 미술의 핵심이죠."

1920년대 일제 강점기가 배경이지만 〈대호〉의 사람들은 세련된 도시 경성이 아니라 지리산 자락에 산다. 새로운 문물들이 유입되면서 변화의 흐름이 소용돌이치는 시대이지만 지리산 주변의 시간은 멈춰 있거나 느리게 흐른다. 박훈정 감독은 그런 시대의 흐름에 따른 공간을 묘사하기 위해 "멋 부리지 말고, 리얼하게 가자"라고 조화성 미술감독에게 부탁했다. 당시 실제 지리산 기슭의 초가지붕 모습이나 초가의 색깔도 최대한 고증을 통해 살려내길 바랐다. 조화성 미술감독 역시 그 시절 사람 냄새, 흙냄새, 주름지고 고단한 삶의 흔적이 화면에 고스란히 드러나야 한다고 믿었다. 〈대호〉를 "지금껏 살아온 삶을 애써 지키고 싶어 하는 이들에게 일본이 호랑이를 매개로 영역을 침범해오는 이야기"로 받아들였기 때문이다.

그러나 시대의 리얼리티를 구현하기 위한 고증은 쉽지 않았다. 1920년대 사냥꾼에 대한 자료는 있어도 지리산에 대한 자료는 구하기 힘들었고, 구했다 하더라도 대부분 흑백 사진들이었기 때문이다. 그래서 초반에 프로덕션 디자인의 전반적인 톤을 결정하는 데 애를 먹었다. 조화성 미술감독은 부족한 자료에 매달리는 대신 차라리 그 시절 사람들의 마음을 상상해보기로 했다.

리얼리티를 살린 자연 그대로의 친환경 세트 제작

〈대호〉의 공간은 지리산이 중심이기에 극단적으로 제한된 공간이지만 의외로 사람들의 일상생활 공간이 많이 등장한다. 만덕을 예로 들면, 아들 석이와 산막에 기거하는 시간이 많다. 또 약초를 캐서 저잣거리에 내려가 약재상과 후배 포수 칠구의 집에 들르기도 한다. 포수대에 들어간 석이를 찾으러 헤매거나 대호를 본격적으로 찾으러 나서기 전까지는 계속 산막에 머물러 있다. 조화성 미술감독은 그런 생활공간에 독특한 기운을 불어넣는다.

"각 인물의 집은 그들의 삶의 터전인 지리산과 닮아있어요. 집 내부를 들여다보면 그곳에 사는 사람의 마음을 느낄 수 있도록 표현하고 싶었습니다."

각각의 공간들은 그 느낌을 간직하고 '멋 부리지 않는 리얼리티'를 보여줄 수 있게 디자인하되 촬영이 쉽도록 대부분 세트로 만들어졌다. 그러나 실내 스튜디오 안에 만드는 세트가 아니라 로케이션 장소에서 자연 환경을 배경으로 지은 오픈 세트다. 영화 초반 가장 먼저 등장하는 만덕의 집은 중년의 만덕이 늦게 결혼한 뒤 젊은 아내와 아들 석이를 낳고 사는 신혼집이다. 제대로 구성된 가족의 집이라서 삶의 형태가 갖춰져 보이게 설계했다. 집 전체를 나무로 지었고 보온을 위해 황토가 발려져 있다. 부엌과 방 안에는 세간살이가 많고 남편, 아내, 아이의 흔적이 엿보인다. 세트 팀이 평평한 부지에 아예 집 한 채를 지은 것이다.

나이 든 만덕이 아내 없이 열여섯이 된 석이와 기거하는 산막 역시 100% 세트다. 빈 땅에 흙을 쌓아올리고, 나무를 벌목해서 성냥개비를 사각형으로 쌓

산속에 있는 천만덕의 집

아 끼우듯이 짓는 '귀틀집' 형태로 지었다. 그 옆에는 풀과 대나무를 심었다. 화면에서 넓게 나오는 산막 옆의 경관들은 CG로 만든 것이다. 집의 성격은 평생 포수로 살아왔던 만덕이 남의 손을 빌리지 않고 직접 지은 것으로 설정했다. 그래서 과거의 집과는 달리 여자의 손길이 미치지 않아 검소하고 건조한 느낌이다.

이런 친환경 방식의 세트는 조선 포수대가 머무는 사냥막도 마찬가지다. 대호 사냥을 위해 산에서 밤을 보낼 때 사용하는 사냥꾼들의 산막도 지붕에 나뭇가지, 짚, 볏단 등 자연 자재들을 사용했다. 사실 로케이션 헌팅 때 사냥막으로 눈여겨본 장소에 나무가 있었다. 나무를 베면 공간이 더 확보되지만, 실제 사냥꾼들이라면 그 나무를 베어내지 않고 그대로 집을 지을 거라 여겨서 나무를 둘러싼 채 사냥막을 지었다.

이 외에도 영화의 하이라이트인 대호와 만덕이 만나는 '상봉'은 비어 있는 부지를 헌팅해 단을 쌓아올려서 나무를 심고 눈을 뿌려서 만든 세트다. 후반 작업에서 CG로 공간의 넓이와 깊이를 자연스럽게 정리했다. 대호의 은신처인 동굴의 입구는 완도에서 찍었다. 예산과 촬영 여건을 고려해 동굴의 반은 세트로 만들고, 나머지 반은 CG로 그렸다.

조선 포수대가 머무는 사냥막의 모습

지리산 자락 마을 그 느낌 그대로 재현

지리산 속의 공간이 자연과 어울림을 추구했다면 칠구 등 백성이 살아가는 지리산 자락의 마을은 조금 더 생활감이 드러나는 영화의 핵심적인 공간이다. 속초에 있던 TV 드라마 〈대조영〉 세트장을 전반적으로 리모델링해 만들었다. 10년 전에 지어진 세트장인데 시간이 많이 흘러서 낡은 모습이 오히려 조금만 손을 보면 영화에 더 어울릴 것으로 판단했기 때문이다. 박훈정 감독과 이모개 촬영감독도 산기슭에 자리한 마을이라는 설정이 잘 보여야 한다고 요구했다. 같은 시골이어도 평지에 있는 마을과 차이가 있어야 했다. 그 차이는 저잣거리의 길과 사람들이 사는 초가의 지붕 등에서 찾았다. 길바닥이 잘 닦여서 평평한 대신 울퉁불퉁해 일본군이 차로 들어오려면 길 먼저 닦아야 할 정도의 분위기를 조성하는 것이다. 초가지붕도 도심 근교 초가지붕에 비하면 대충 지은 듯 볏단이 산발한 머리처럼 삐쭉삐쭉 나오고, 초가지붕 전체가 두껍고 시커멓게 보이게 해 전반적으로 거친 느낌을 강조했다. 벽의 디테일도 신경을 썼다.

"벽지는 시선을 확 끌지만, 평면적이기 때문에 멀리서 볼 때는 강렬한 이미지 같아도 가까이 가서 들여다보면 처음에 보던 마음이 없어진다고 할까요? 〈대호〉는 벽의 디테일이 더 확실히 느껴지게 표현하려고 했습니다. 진짜 같은 느낌으로요. 멀리서 보다가 가까이 가면 우둘투둘하고 스크래치가 많은 것이죠."

조화성 미술감독의 설명이다. 창호의 격자 형태가 좀 더 분명히 보이는 집들이라는 점에서는 장식적인 요소가 전혀 없는 만덕의 산막이나 포수대의 사냥막과 대비된다.

그리고 이 마을에서 가장 활기찬 곳이 저잣거리다. 만덕이 석이의 약을 지으러 찾아가는 약재상도 저잣거리 안에 있다. 원래 대장간으로 만들었던 장소를 개조한 것이다. 조화성 미술감독은 영화에 두 장면 정도 등장하는 약재상을 만덕의 심리를 떠올리며 작업했다고 말한다. "만덕이 저잣거리에 오면 찾는 곳이 약재상이라는 게 참 절묘하다고 생각했어요. 만덕에게 약이 되고 치유가 되는 중요한 공간입니다." 만덕에게 지리산 산군이 이왕 잡힌다면 명포에게 잡혀야 하지 않겠느냐고 말하는 약재상 주인은 고독한 만덕의 유일한 친구다. 의지가 되고 심리적 안정감을 주며 농담도 주고받을 수 있는 둘의 관계가 공간을 설계하는 데 큰 바탕이 됐다.

저잣거리에 있는 약재상 내부 모습

그리고 어느 공간보다 포수들의 삶을 디테일하게 보여주는 집이 마을에 있는 칠구의 집이다. 포수는 한번 호랑이를 잡으려 나서면 오랜 시간 잠복해야 하니 집을 비우는 시간도 길다. 그래서 부부와 가족이 사는 집이지만 남편의 흔적이 별로 없고 아내가 근근이 삶을 이어가는 느낌으로 생활의 어려움을 덧입혀 작업했다. 만덕의 산막보다 조금 큰 규모에 여자의 손길이 보인다는 점에서 비교될 만하다.

위압감이 느껴지는 도장관실

지리산 백성이 사는 공간과 가장 대비되는 것은 다양한 박제가 과시용으로 진열된 도장관실이다. 조화성 미술감독은 실내 스튜디오 안에 히틀러 집무실을 모델 삼아 도장관실을 설계했다. "대개 수장들의 집무실이 공간은 매우 크고 넓은데 최소한의 가구만 있어요. 그 공간 안에 누군가 들어오면 근엄한 권력자 앞에서 벌거벗은 느낌이 들게 하는 겁니다. 히틀러 집무실이 딱 그랬죠. 마에조노라는 일본 고위층의 공간을 보여주는 데 적합한 느낌이었습니다." 그런 도장관실 규모를 보고 스태프들이 "다른 등장인물들 집을 다 합쳐도 상대가 안 되게 크다"라고 농담을 하기도 했다. 벽의 마감재는 나무를 썼고 독재적이고 강압적인 느낌을 주기 위해 레드 우드 톤으로 도색을 했다. 특정 부분에는 레드 우드 톤의 벽지를 발라서 컬러에서조차 위압감이 느껴지도록 만들었다. 그리고 도장관실의 천장, 책상에 앉은 마에조노의 머리 위에 지름이 3m가 넘는 샹들리에를 매달았다. 위압감을 배가하는 이 공간의 포인트다. 폴 토머스 앤더슨의 영화 〈더 마스터〉에서 필립 세이모어 호프만이 앉아있는 뒤편으로 거대한 창이 있고 천장 쪽에서 조명이 들어오는 장면을 레퍼런스 삼은 것이기도 하다.

도장관실 내부에 놓인 동물의 박제는 박훈정 감독의 특별 요구사항이었다. 조선의 마지막 호랑이까지 잡으려는 마에조노의 행동에 개인적인 욕구와 역사적인 의도가 동시에 드러나야 했다. 그렇기 때문에 미술팀이 박물관에서 협찬으로 대여해온 동물 박제들로 벽을 채웠다. 그중 바닥에 놓인 호피는 진짜 호피를 대여한 것이다. 고가의 소장품이라 조심스럽게 사용하고 반납해야 했다. 마에조노의 양편에 두 마리 호랑이 전신 박제도 세워놓았는데, 오른쪽은 실제 호랑이 박제이고, 왼쪽은 특수분장팀에서 만든 호랑이 더미를 가져와 사용했다.

포수대 건물은 전라도 곡성 쪽에 있는 특목고를 헌팅했다. 비교적 옛날 형태가 많이 남은 건물에 일본식 건물의 예스러운 느낌이 더 살도록 나무 마감재를 두른 것이다. 대호의 짝과 새끼들의 사체가 놓일 앞마당은 학교 운동장에 나무로 만든 담벼락을 설치해 표현했다.

이렇듯 영화에 등장하는 모든 공간은 각 공간만의 스토리텔링을 지니고 있다. 일본군들의 특정 공간은 역사적인 공간에 가깝고, 지리산 백성들의 공간은 개개인의 마음을 표현한 공간이라는 점에서 구별된다. 알고 보지 않으면 스쳐 지나가기 쉬운 영화 미술의 디테일이다. 조화성 미술감독 역시 그 사실을 잘 알고 있다.

"사람들이 살아가는 집들이 상황에 따라서 어떻게 다를 수 있을지 신경을 썼죠. 관객이 영화를 볼 때 관심 가질 만한 부분이 아니고 느끼지 못할 수도 있지만, 오히려 이렇게 스쳐 지나갈 수 있는 장면들이 더 잘 드러났으면 하는 마음으로 작업했습니다."

곡성에 있는 특목고를 개조한 포수대 건물

디테일한 소품으로 공간을 채우다.

누군가 살아가는 공간에는 삶이 묻어있는 물건이 채워지기 마련이다. 박민정 프로듀서는 프리 프로덕션 단계에서 삶의 디테일을 연구하는 것 또한 시대를 살리는 기본이라고 말한다.

"그들이 왜, 무엇을 위해, 어떻게 사냥을 했는지 기본적인 이해가 있어야 했어요. 그 시대를 사는 사람들이 사냥을 하는 고유한 방법과 원칙 등을 공부하다 보면 자연스럽게 사냥을 위해 쓰인 도구들, 겨울을 나기 위해서 갖추는 겨울 장비 등등 디테일한 소품이 만들어지니까요."

과거 만덕의 집 부엌의 세간살이와 현재 단출한 만덕의 산막 살림이 보여주는 차이가 그렇게 만들어진다. 상황 속에 등장하는 소품도 단순하게 정해지는 법이 없다. 예를 들어, 만덕이 아들 석이와 칠구 딸의 혼사에 반대하는 칠구 처에게 생선을 사 들고 찾아가는 장면이 있다. 끼니를 거르지 않는 것만으로도 다행인 산골 마을에서 무엇이 귀한 선물이었는지 조사해 만든 설정이다. 그때 지리산 자락 사람들이 삼시 세끼에 주로 무엇을 먹었는지, 만덕의 처지에서 큰 성의를 보일 수 있는 물품이 무엇인지, 그게 생선이라면 그 시절 값어치는 얼마인지, 꼬리에 꼬리를 물고 당시 삶의 환경에 대한 조사를 거듭했다. 그렇게 자연스럽게 시대 상황에 필요한 소품이 정해지고, 그 소품이 공간을 채웠다.

영화에 등장하는 시대 소품 중 총기와 차량도 빼놓을 수 없다. 박훈정 감독은 특히 차에 민감했다. 클래식 자동차는 화면에서 시각적으로 확연히 드러나는 소품인데 한국 영화 시대물의 차들이 비슷비슷하게 보이는 경우가 많기에 미술팀이 꽤 많은 부분 개조하고 색을 다시 칠하기도 했다. 군용 천막까지 새로 제작하는 등 시대 고증에 특별히 신경 쓴 티가 역력하다. 한겨울의 맹추위로 인해 한 시간이면 칠하는 작업을 몇 시간에 걸쳐 칠하고 스티커를 붙여 만든 결과물이다.

그때 그들의 비주얼

조상경 의상감독

조상경 의상감독 역시 〈대호〉 시나리오를 읽으면서 마음이 뭉클했다. 천만덕과 대호가 모두 자식을 둔 아버지라는 공통분모가 있어서 좋았다. 특히 아들 석이와 함께 지리산 깊숙이 산막을 짓고 사는 천만덕은 '속죄하는 은둔자' 같아서 마음이 갔다. 이런 인물을 최근 한국 영화에서 만난 기억이 있던가 싶었다. 잘못을 저지르는 캐릭터는 많지만, 그 죗값을 받아들이는 캐릭터는 흔치 않기 때문이다. 한 차원 높은 캐릭터였다. 지리산 상봉에서 대호를 기다리던 만덕의 심정이 과연 어땠을까도 자연스레 상상이 됐다. 〈대호〉를 2015년의 관객들이 어떻게 받아들일지 점점 궁금해졌다.

"영화 의상 콘셉트를 잡을 때 일부러 어떤 키워드를 찾는 편이에요. 그런데 이 영화는 대호에게도, 만덕에게도 심정적으로 동의가 돼서 키워드를 찾을 필요가 없었어요. 결국, 가장 중요하게 생각한 건 마음의 결이었죠." 조상경 의상감독의 설명이다.

사냥할 때의 마음이든, 아버지의 마음이든, 산에서 대호를 기다리는 마음이든, 그 마음이 가장 잘 보이는 옷은 어떤 옷일까? 〈대호〉의 의상 디자인은 그런 고민에서 출발했다. 박훈정 감독은 각 파트 스태프들이 작품을 해석하는 데 열려 있는 편이어서 조상경 의상감독의 생각을 기꺼이 수용했다. 우여곡절 끝에 크랭크 인 한 달 전에 프리 프로덕션에 들어갔다. 짧은 준비 기간 때문에 의상 팀은 다른 파트보다 더 바쁘게 움직여야 했다.

1920년대의 조선 사냥꾼은 대체 어떤 차림새일까? 조상경 의상감독은 "옷으로 얘기하자면 너무 심플하죠. 그냥 바지저고리잖아요"라며 웃는다. 그렇긴 하다. 그렇지만 정말 그렇기만 할 리가 없다. 조상경 의상감독 역시 나름의 리서치를 했다. 일제 강점기 때 호랑이 사냥꾼들이 찍은 기념사진 자료도 많이 찾아봤다. 사진을 들여다볼수록 산에서 며칠씩 지내야 하고 겨울에도 버티기 쉬운 '기능성' 바지저고리의 필요성이 감지됐다. 옷마다 사연을 담되 그럴 때 도움이 되는 옷의 질감을 어떻게 표현할지 고민했다. 마침 일제 강점기에 일본군이 우리 산에서 수많은 나무를 무작위로 베고 소나무 송진을 마구 긁어가서 나무에 여러 겹의 길고 깊은 줄이 난 사진들도 보았다. 그래서 일본이 우리에게 행했던 흔적, 남아있는 상흔을 의상의 질감에 반영하기로 했다.

인물들의 바지저고리가 산이라는 공간과 어우러져야 하기에 산을 찍은 다양한 사진과 그림을 참고했다. "영화 〈고지전〉 의상을 맡았을 때 6·25 때 전쟁을 치른 산의 사진을 많이 봤어요. 그 산과 지금 우리가 보고 있는 다듬어진 산과 일제 강점기 우리 국토의 모습이 다 달라요. 조선 시대에 정선이 그린 진경산수화를 봐도 그렇고. 그런 그림과 사진으로 우리나라 산세를 느끼면서 옷의 질감과 색이 산과 어우러지게 표현하고 싶었어요." 배우들이 입었을 때 무조건 자연스럽게 보여야 한다는 것 또한 박훈정 감독의 기본적인 요구사항이기도 했다. 그렇게 고민한 의상의 색감과 질감이 인물의 피부톤, 피부 질감, 머리 상투와도 어울려야 하기에 사전에 확인하는 작업도 거쳤다.

전반적인 의상 콘셉트가 정해진 뒤에는 영화 속 인물들을 크게 만덕, 사냥꾼들, 일본군 이렇게 세 그룹으로 나눠 각각의 의상에 어떤 차별성을 줄지 고민했다.

● 조선 사냥꾼의 복장
●● 일제 강점기 일본군의 복장

"〈암살〉 의상 작업 때도 그랬는데, 사진 한 장을 놓고 저만의 스토리텔링을 해요. 포수들이 호랑이를 잡은 뒤 찍은 기념사진에서 누가 어떤 옷을 입고 있는가만 봐도 일본인, 조선인, 친일파가 구분되는데요. 그럴 때 사진 속의 포수들을 보면서 이 사람은 칠구 같아, 이 사람은 구경 같아, 라고 생각을 더 발전시키죠."

그렇게 발전시켜 설계한 만덕의 현재 의상에는 사냥꾼의 모습이 드러나면 안 된다고 판단했다. 과거에는 날렵하고 사냥꾼다웠겠지만, 나이 든 현재는 '속죄하는 자연인'의 느낌이 중요했기 때문이다. 그래서 회색빛으로 염색한 누비옷 바지저고리를 입혔다. 홀로 아들을 키우며 살았으니 누비옷을 제대로 꿰매입었을까 싶어 드문드문 꿰맸다. 석이도 비슷하지만 어리고 활달하기 때문에 하늘빛을 닮은 파란색 조끼를 입혀 살짝 차별성을 줬다.

상봉에서 만덕이 대호를 기다릴 때 덮은 모포도 직접 만들었다. 만덕의 성격을 모포의 질감에 표현하려고 애썼다. 눈으로 보면 면처럼 보이지만 실크가

들어간 의상도 있었다. 실크가 면보다 조직감이 더 잘 보이고 따뜻하기 때문이다. 고급스러운 실크 소재는 영화 20도의 눈밭을 헤매는 만덕의 저고리에 쓰였다. 가난한 만덕 역을 맡은 최민식은 전혀 눈치를 채지 못했지만 말이다. 특히 〈올드보이〉 시절 허리 사이즈 31인치를 자랑했던 최민식은 이제는 넉넉한 풍채의 소유자가 돼 얇은 옷도 누비옷처럼 보이는 특수효과(!)를 낳기도 했다.

사냥꾼 그룹의 리더 구경의 의상도 과거와 현재로 나뉘었다. 과거에는 한복을 입었지만, 일본군과 일하는 '도포수'가 된 현재는 가죽을 걸치게 하고 더블코트도 입혔다. 대호 때문에 생긴 큰 흉터 때문에 인상이 강해서 가죽이 어울렸다. 더블코트를 입힌 건 현실과 타협하는 캐릭터인 동시에 양복 코트를 입고 하의는 한복 바지를 '믹스매치'한 그 시절 사냥꾼들 사진을 보며 떠올린 콘셉트 때문이었다.

상투만 틀어도 칠구가 되는 김상호는 푸근하고 서민적인 캐릭터였기 때문에 당연히 한복 바지저고리가 어울렸다. 아내가 있으니 만덕보다는 좀 더 고운 누비를 입었을 것 같다는 설정으로 손바느질을 꼼꼼하게 해줬다. 포수대에 속한 그 밖의 포수들은 각 배우에게 맞게 손질된 바지저고리를 입혔다.

만덕과 마을 사람들이 입는 옷의 재질은 대부분 삼베 같은 천연소재이고, 나무색, 흙색, 땅색, 바위색 등의 자연색으로 염색했다. 영화에서 유일하게 색감이 강조된 의상은 만덕의 혼례 장면에서 아내의 고운 치마와 화관 정도였다. 소박한 결혼식이기에 족두리와 원삼도 씌우지 않았다.

일본 배우 오스기 렌이 연기하는 마에조노와 정석원이 맡은 부하 류의 의상은 기본에 충실하면서 계급을 드러내게 제작했다. 마에조노의 경우는 약간의 설정을 첨가했다. 영화 초반 도장관실에서 등장할 때는 장교 코트를 입지만 대호를 잡기 위해 철포회수대를 지휘할 땐 라쿤털 코트를 입혔다. 먹잇감을 노리는 잿빛 늑대의 이미지를 떠올리고 만든 것이다. 일본 군복의 경우 일반 육군복과 '철포회수대' 군복을 따로 제작했다. 특히 더 전투력이 강한 '철포회수대' 의상은 철저한 고증이 필요했다. 산악 전투를 하는 일본군 자료를 참고하고 오리지널 일본 군복을 일본에서 공수해왔다. 그 군복을 샘플 삼아 '철포회수대' 군복을 제작했다. 머리쓰개, 고글, 모자, 장갑까지 하나하나 다 맞췄다. 철포회수대는 완전군장을 해야 하기 때문이다. 철포회수대 의상은 대호에게 물어뜯기는 신이나 다른 액션 신을 염두에 두고 여벌까지 약 150벌을 제작했다.

특수분장팀에서 만든 인간 더미에도 의상을 입혀야 했기 때문에 영화를 위해 2,500벌 정도를 제작했다. 보통 영화를 촬영할 때 제작하는 의상치고는 그리 많은 벌 수가 아니다. 촬영 도중 의상들이 여기저기 뜯어지거나 손상되는 느낌도 영화의 특성상 자연스러워서 만덕의 의상을 제외하고는 포수들의 의상은 여벌을 그리 많이 만들지 않았다. 그렇지만 다른 이유로 손이 많이 갔다. 인물마다 옷을 몇 벌씩 껴입어야 하고 그 옷을 하나하나 누벼야 했기 때문이다.

그래서 〈군도 : 민란의 시대〉 때 만들었던 한복들을 다시 뜯어서 재활용하기도 했다. 이미 조선 시대 서민들의 옷으로 만들어진 원단이었기에 더 손질할 필요가 없었기 때문이다. 다 뜯어서 세탁하고 다시 꿰매 입는 한복의 특성상 재사용하기도 좋았다. 그 원단들을 다 뜯어서 세탁한 뒤 솜을 넣고 누볐다. 일본 군복은 공장에 맡겼지만, 일본 군복을 제외한 대부분 의상은 조상경 의상 감독을 포함한 의상팀 8명이 함께 염색하고 손으로 바느질해 만든 수제품이다. 이후 배우들이 의상을 입었을 때 정말 산과 어울리는지 알아보기 위해 양수리 근처의 산에서 실제로 피팅과 테스트 촬영을 거쳤다. 6개월의 촬영 기간 내내 의상팀 역시 깊은 산에서 강추위에 떨어야 했지만 흥미로운 작업으로 기억에 남아있다.

철포회수대의 복장

그때 그들의
비주얼
김현정 분장감독

매일 뜨거운 햇볕 아래에서 농사를 짓거나 영하의 산속에서 뛰어다닌 사람들의 피부를 어떻게 표현해야 할까?

김현정 분장감독은 박훈정 감독이 "무조건 리얼!"이라며 건네준 책과 동영상을 보면서 생각했다. 지금도 서울과 두메산골 사람들의 피부톤이 다른데, 1920년대도 경성 사람들의 뽀얗고 깨끗한 피부와 지리산 사람들의 두껍고 까만 피부는 다를 수밖에 없었다. 어쩌면 몽골 사람처럼 추운 곳에서 오래 생활한 사람들의 얼굴에 가깝지 않을까. 햇볕에 그을리고 벗겨졌다가 다시 살이 나기를 반복하며 시커멓게 변한 피부 말이다. 온갖 잡티가 있는 그 피부는 셀 수 없이 얼었다가 녹으면서 얼굴 전체가 딱딱해진 느낌일 것이다. 김현정 분장감독은 그 시절 지리산 사람들의 피부톤과 질감을 그렇게 표현하고 싶었다.

먼저 피부 질감을 만들어줄 재료를 찾기 위해 온갖 테스트를 했다. 특수분장 재료는 얼굴에 장시간 바르고 있으면 트러블이 생기기 때문에 5명의 분장팀이 찹쌀가루, 쌀가루, 달걀 등 다양한 음식재료를 얼굴에 발라봤다. 달걀은 시간이 지나면 피부가 찢어진 것 같은 멋진 효과를 내지만 냄새가 고약했다. 벽지 바를 때 쓰는 풀도 사다가 발라봤다. 피부에 이상만 없으면 무엇이든 서슴지 않고 시도했다. 엄청난 시간과 시행착오를 거쳐 마침내 찾아낸 재료는 바로 식용 젤라틴이었다. 거칠고 찢어지고 탄 피부를 표현하기에 더없이 좋았다. 테스트 촬영 때 박훈정 감독이 "검게, 더 검게"를 주문했기 때문에 배우들의 피부톤이 이렇게 검어도 되나 싶을 만큼 칠했다.

그것뿐이 아니다. 거울이 귀한 물건이었던 시절, 자기 얼굴을 살필 기회가 거의 없던 사람들답게 잡티를 만들고 양치를 매일 하지도 않았을 누런 이와 늘 때가 껴있는 손톱까지 표현했다. 구경 역을 맡은 정만식은 "달팽이관에도 분장하는 팀"이라며 혀를 내둘렀다.

조선 사람들뿐 아니라 일본군 역시 검게 타고 잡티 많은 얼굴 분장을 했다. 많은 시대극 영화나 드라마를 보면 일본군이 무조건 깨끗한 얼굴로 나오는 게 이상했던 터다. 일본군도 전쟁에 찌들고 힘든 상태라는 걸 감안해야 했다. 심지어 일본 총독의 위치에 버금가는 권력자 마에조노 역을 맡은 배우 오스기 렌의 얼굴에도 잡티를 가득 그렸다. 오스기 렌이 "왜 나까지 잡티 분장을 해야 하지?"라고 물어보자 김현정 분장감독이 설명했다. "아무리 윗사람이라도 그 시대는 지금처럼 완벽하게 살 수 없는 시대니까 잡티가 있지 않았을까요? 군인이고 같은 태양 빛 아래 살았을 텐데요. 그때 선크림도 없었잖아요." 그 말에 오스기 렌은 웃으며 적극적으로 분장하라고 했다.

누런 이를 표현하기 위해서는 기존과 다른 방식을 찾으려고 고심했다. 직접 이에 색을 칠하면 배우들도 힘들고 자꾸 지워지기 일쑤였기 때문이다. 마침 특수분장팀에서 이를 떠서 끼우는 방법을 알려줬다. 분장팀이 치과에서 하듯 배우들의 이를 석고로 떠서 특수분장팀에 넘기면 특수기계로 그 틀을 플라스틱으로 압축해 만들어온다. 그걸 다듬어서 색을 칠하고 인체에 해가 없는 재료로 코팅한 뒤 배우들한테 끼게 했다. 칠구 역을 맡은 김상호가 위아래로 끼고, 나머지 포수대들도 끼고 촬영했다. 김상호는 유독 자기 이처럼 늘 끼고 다녀서 그 효과가 더 잘 살았다.

산속에서 추위에 얼어붙은 얼굴을 분장할 때도 세심한 주의를 기울였다. 호랑이 사냥꾼들은 계속 뛰고 숨을 쉬기 때문에 극한의 남극이나 히말라야 고지대에서처럼 눈 밑이나 코끝에 결정이 달린 식이 아니라 녹아서 뚝뚝 흐르는 분장이 필요했다. 수염에 결정이 달리더라도 너무 크게 달려있는 건 거짓말이라고 생각했다. 여긴 남극이 아니라 지리산이니까.

분장팀은 추위에 거칠어진 얼굴 피부를 표현하는 방법을 공부하면서 얻은 노하우를 '거친 손' 분장에도 적용했다. 손에 노인 분장을 할 때 주로 '올드 스킨'이라는 재료를 사용하는데, 이 방법은 시간이 오래 걸린다. 그런데 식용 젤라틴은 인체에 해롭지 않고 분장 시간도 획기적으로 단축할 수 있었다. 오랜 실험 끝에 물과 젤라틴을 섞는 최적의 농도를 알아냈기 때문이다. 만덕 역을 맡은 최민식이 김현정 분장감독에게 "분장이 너무 잘 된다. 직접 개발했으니 특허내라"라고 했을 정도다.

각 캐릭터의 분장도 디테일을 살렸다. 만덕은 머리를 붙이고 얼굴 베이스를 만들고 잡티와 흉터를 표현한 뒤 입술, 손톱, 손의 굳은살, 다리 흉터까지 풀 세팅을 했다. 당시의 화승총이 완벽하지는 않았을 테니 총을 쏠 때 눈에 불꽃이

튀었을 수 있겠다 싶어 화상 분장도 했다. 오랜 시간 산에서 살아온 삶을 고려해 얼굴에 묶은 상처부터 최근에 생긴 상처까지 함께 만들었다. 만덕의 무릎에 있는 상처는 한 번에 생긴 흉터가 아니라 늘 산행을 하면서 60년 인생을 통해 만들어진 흉터라 여기며 작업했다. 영화 특성상 분장이 좀 뭉개져도 지저분한 얼굴이 거슬리지 않기 때문에 자주 수정하지 않아도 된다는 점은 편했다. 회차마다 최민식의 분장 시간은 넉넉잡아 1시간 반이 걸렸다. 하지만 촬영 회차가 지날수록 분장팀의 손길이 점점 익숙해졌고, "30분 만에 끝내볼까?"라는 최민식의 말에 기꺼이 기록을 단축할 수 있게 됐다.

구경이 젊은 시절 대호에게 당해 얼굴에 생긴 큰 흉터는 상처가 깊고 커서 예외적으로 특수분장팀이 실리콘 인조 피부를 제작해 분장했다. 영화 후반 구경이 또다시 대호에게 그 부위를 가격당해 세상을 뜬다는 점에서도 의미가 큰 흉터였다. 실리콘 피부는 매일 갈아야 했기 때문에 정만식이 '원데이 피부'로 부르기도 했다.

헤어 분장도 절대 만만치 않았다. 만덕, 구경, 칠구 모두 분장팀이 손수 바늘로 한 땀 한 땀 떠서 만든 수제 가발을 썼다. 기존 가발은 모질이 좋지만, 산속에서 헝클어지기 쉽고 머릿결 따위는 신경 쓰지 않는 캐릭터들의 상황과 어울리지 않을 것 같았기 때문이다. 결국, 배우들의 모질과 비슷한 인모와 인조모를 섞어서 가발을 완성한 뒤 머릿결을 일부러 상하게 했다. 만덕의 젊은 시절

은 머리를 붙여서 검게 칠했고 현재의 나이가 든 모습은 실제 최민식이 지닌 흰 머리카락들을 이용했다. 최민식의 흰 머리카락은 분장하기도 힘들 만큼 멋진 백색이어서다.

구경을 연기한 정만식은 과거 장면을 위해 머리 두상에 맞춰 통가발을 짰고, 동생을 잃은 뒤 대호를 잡는 일에 혈안이 됐을 때는 짧게 커트를 했다. 머리가 짧을수록 영화가 흥행한다는 정만식의 징크스(!)도 실현되기를 바라면서.

무려 다섯 편의 작품을 같이 했다는 분장팀과 정만식은 만식의 앞 글자를 딴 'MS팀'을 자처하며 촬영 내내 차진 호흡을 자랑했다.

칠구를 연기한 김상호는 머리카락이 얇은 편이어서 생사, 수염용 인모, 온갖 머리카락을 다 섞어서 가발을 만들어야 했다. 과거 머리숱이 많았던 칠구는 현재 시점에서 대머리에 가까운 상투머리로 등장하는데, 그 차이가 제대로 표현될까 걱정하는 김상호의 말을 듣고 분장팀이 며칠을 고민해야 했다. 김현정 분장감독은 특히나 테스트 촬영 날 칠구의 가발과 분장을 끝냈을 때 김상호가 내뱉은 한마디를 잊지 못했다. "아… 눈물 난다." 그 말이 〈대호〉의 분장을 미친 듯이 잘해야겠다고 마음먹은 계기가 됐다.

가장 전투적으로 임했던 장면은 지리산 산기슭 마을의 저잣거리 신이다. 5명의 분장팀이 여러 마을 주민의 얼굴을 칠하고, 댕기 머리, 상투머리, 잡티, 주름, 손톱의 때까지 분장하느라 일손이 모자랄 지경이었다. 게다가 보조출연자 중에는 "어디 가도 이렇게 까맣고 지저분하게 칠하는 데 없다. 노숙자도 이렇게 안 해!"라면서 화를 내는 사람들도 있었다. 분장팀은 영화의 설정상 그럴 수밖에 없다고 계속 사과하고 설명해야 했다.

야심찬 시도로 〈캐리비안의 해적〉 시리즈 등 할리우드 영화에서 자주 쓰는 특수 '핏발렌즈'를 수입하기도 했다. 눈 한쪽에 50만 원가량인 고가의 렌즈였지만, 대호에게 당한 군인들의 핏발 서린 눈을 표현하는 데 효과적이었기 때문이다. 늑대골에 물려온 사람들의 상처 분장도 어려웠다. 대호와 늑대에게 뜯긴 상처는 특수분장팀이 맡았지만, 피가 흐르는 배우들의 얼굴은 분장팀이 맡았다. 두 팀의 협업이 그 처참함을 한층 강조한 셈이다. 오랜 준비 과정을 거치고도 6개월 동안 현장을 지키며 꼼꼼히 배우들을 챙겼던 분장팀. 한계에 도전했던 분장팀의 노력은 스크린에 배우들이 등장하는 순간 제대로 확인할 수 있을 것이다.

그때 그들의
비주얼
이모개 촬영감독

이모개 촬영감독은 〈대호〉 시나리오를 보고 선이 굵은 자연의 이미지를 떠올렸다. 이런 묵직한 감정과 힘이 있는 시나리오는 오랜만이었다.

"천만덕과 대호라는 두 개의 큰 그림이 존재하다가 어느 순간 산의 일부인 천만덕과 산의 주인 대호가 통합되는 이미지를 그려봤어요. 그 산의 거대함을 잘 표현하고 싶었죠. '천만덕과 대호뿐만 아니라 나머지 인물들도 생명력이 강하게 보이면 어떨까', '그런 이미지들로 가득 채워지면 좋겠다'라고 생각했습니다."

그렇지만 구체적인 그림은 잘 그려지지 않았다. 도대체 어떻게 해야 할지 막막했다.

박훈정 감독과 가장 중요하게 논의한 부분도 기술적인 부분보다는 영화의 큰 흐름이었다. 영화의 전반은 천만덕의 일생을 흘러가듯 보여준다면 중반부터는 호랑이 대호의 감정을 그린다. 천만덕과 대호가 각자의 길을 걷다가 한 길에서 만나게 해보자. 두 개의 큰 물줄기를 하나로 엮어보자. 방향이 그렇게 정해지고 나니 가야 할 길이 보이기 시작했다. 그래서 만덕이 나오는 장면은 특별한 기교 없이 다큐멘터리에 가까울 만큼 정적으로, 포수대 사람들과 대호가 나오는 장면은 카메라 워킹도 역동적이고 스릴 넘치게 한다는 줄기를 잡았다. 만덕과 대호가 만나면서 전혀 달랐던 화면의 느낌과 카메라 무빙이 점점 하나로 합쳐지도록 말이다. 대호가 의인화돼 감정을 강하게 드러내는 장면에서는 침팬지 시저가 등장하는 〈혹성탈출〉 시리즈를 레퍼런스로 살짝 떠올리기도 했다.

이성환 조명감독은 깊은 산 속에 어떻게 조명 장비를 가져와서 촬영할지 막막했다. 모든 스태프가 촬영 때마다 2~3시간은 기본으로 등산을 했지만, 조명팀은 촬영 하루 전 현장에 장비를 가져다 세팅해야 했기 때문에 더욱 무거운 짐을 진 셈이었다. 전기도 발전기로 끌어와야 하는데 숲에서는 발전기와 조명 사이의 거리가 너무 멀어서 전압이 낮고 전력도 금세 소모된다. 대형 라이트를 켜면 얼마 안 가 꺼질 위험이 컸기 때문이다. 그래서 숲 자체를 세트로 만들어야 하지 않을까 고민했지만, 결국 실제 자연이 중요하다고 결론이 났다. 영화 속 인물들의 시대가 '자연스러웠으면' 하는 마음은 모든 스태프가 같았기 때문이다. 결국, 조명팀이 눈길에 미끄러지지 않도록 아이젠을 신고 장비를 짊어진 채, 제작팀이 다니는 길목마다 쳐 놓은 가이드라인을 붙잡고 계곡을 내려가 조명을 설치하는 일이 다반사가 됐다.

이모개 촬영감독은 "자연스럽게 보이고 싶다는 게 아무것도 하지 않았다는 것하고는 다른 이야기"라고 말한다. 다시 말해 그 시대에 맞는 환경과 빛과 컬러가 필요하다는 의미다. 이성환 조명감독도 남미 오지의 마을이 등장하는 〈미션〉이나 알래스카 설원이 배경인 〈더 그레이〉가 실제 자연환경에서 찍었다는

사실을 감안할 때 자연 그대로의 이미지를 살려야 한다는 데 생각이 미쳤다. 비루했던 조선 시대를 표현하려면 밝게 그려서는 안 될 것 같았다. 산의 분위기는 무겁고 장엄한데, 햇빛이 만덕을 너무 환하게 비추고 있으면 영화의 톤이 무너지기 때문이다. 햇볕의 따스함이 느껴지면 지리산의 뼈가 시릴 것 같은 추위가 표현되지 않는다는 점도 문제였다. 이성환 조명감독과 이모개 촬영감독은 논의 끝에 낮에는 햇빛을 거의 차단하고 촬영하기로 했다. 촬영 현장의 공중에 크고 흰 실크 천을 띄워서 인위적으로 해를 가리고 잔잔한 밝기만 유지한 채 찍는 것이다.

실제로 현장에 가보면 실크 천을 설치하기 어려운 곳이 많았다. 고민 끝에 만덕의 산막과 상봉 등 세트에서 촬영할 때는 100톤짜리 공사용 크레인을 가져와 공중에 실크 천을 띄웠다. 세트 위에 마치 하얀 뚜껑을 덮은 것처럼 말이다. 숲 속에서는 항상 나무와 나무 사이에 실크 천을 걸고, 촬영장 전체를 실크 천으로 감싼 채 촬영할 수 있게 작업했다. 마치 숲 속에 거대한 백색 돔구장을 짓듯이 말이다. 물론 천 하나로 그렇게 될 일이 아니다. 사방으로 18m×18m 소프트 실크 천을 여러 장 로프와 로프로 이어야 했다. 그리고 장면마다 촬영에 들어가기 전 조명팀이 사다리를 타고 나무마다 올라가 천을 걸어서 촬영장 전체에 둘렀다.

매일 이 일을 하다 보니 체력적으로 나무 타는 게 너무 힘들었던 조명팀원이 아이디어를 냈다. 전봇대에 전기선을 설치할 때 사용하는 큰 장대를 청계천에서 구입한 것이다. 그 장대를 나무마다 천을 걸 때 요긴하게 사용했으니, 요정 할머니의 마법 지팡이가 따로 없다.

그런데 산을 하나 넘으면 또 산이었다. 숲에 칼바람이 불면 애써 설치한 천이 참 잘도 찢어졌다. 손톱만큼만 찢어져도 바람이 워낙 강해서 금세 두 동강이 나버렸다. 다음날 다시 사용하려면 조명팀이 조심스럽게 거둬서 밤새 꿰매거나 서울로 보내서 급하게 수선해 와야 했다. 제작팀에서 다행히 여분의 실크 천을 다량 구입해줬지만 영화를 위해 밤새 바느질을 한 조명팀 '신데렐라맨'들의 집안일은 쉽게 끝나지 않았다. 촬영이 끝날 즈음 실크 천은 온통 누더기가 됐다.

밤 신에서도 물론 빛을 조절해야 했다. 세트와 현장 전체 또는 한 쪽에 천을 두른 것이다. 그리고 보통 영화처럼 인공적으로 휘영청 밝은 달빛을 표현하는 대신 HMI 라이트를 하얀 천에 반사해 최대한 부드러운 빛을 만들려고 애썼다.

숲 속 장면에서는 HMI 라이트에 블루 필터를 달아서 추운 느낌도 강조했다. 이렇듯 밤낮으로 천에 매달려 빛을 조절하는 작업 때문에 조명팀에게 〈대호〉는 일명 '실크 천 시네마'로 기억된다.

촬영팀 역시 독특한 기억이 있기는 마찬가지다. 다른 영화하고 다르게 〈대호〉의 환경에 맞는 촬영 장비를 만들어서 사용했기 때문이다. 이모개 촬영감독은 자연의 이미지를 제대로 담아줄 A 카메라로 최근 한국 영화에서 대부분 사용하는 Arri사의 알렉사를 선택했다. 그런데 산에서 대호의 움직임을 잡아야 하는 장면은 카메라를 움직이는 것이 편하지 않았다. 나무도 많고 땅 자체가 평지가 아니라서 울퉁불퉁하고 경사도 심했다. 그렇다고 촬영을 위해 나무를 함부로 베거나 산을 깎을 수도 없었다. 기존의 장비로 도저히 찍을 수 없는 상황이었다. 설령 찍는다 해도 그런 환경에서 호랑이의 힘과 스피드가 실제로 느껴지게 찍으려면 뭔가 대책이 필요했다. 촬영팀과 그립 팀(카메라의 축을 이동하는 업무를 담당하는 팀이다)이 머리를 맞대고 어떻게 카메라를 움직여야 할지 상의했다. 그래서 나온 아이디어가 '미니 와이어캠'을 만들자는 것이었다. 원래 '와이어캠'은 크고 설치하는 데만도 반나절이 걸리는 장비다. 그걸 산속에 들여올 수는 없으니 나무와 나무에 와이어를 연결한 뒤 소형카메라를 부착해 '와이어캠 효과'를 내자는 것이다.

그립 팀이 와이어 위에 고정 장치로 '모비'를 올리고, 그 위에 Red 사의 소형 디지털카메라 드래곤을 올려서 촬영하기로 했다. 그렇게 하면 와이어줄을 움직이면서 카메라도 움직일 수 있기 때문이다. 카메라를 붙였다 떼기가 쉽다는 점도 편리했다. 호랑이의 움직임을 표현할 때 카메라를 매단 와이어를 직선으로 움직이다가 카메라를 떼어 곡선으로 움직이면 호랑이의 동작을 더 그럴듯하게 만들 수 있었다. 줄에 달린 카메라를 뛰다가 떼서 사람이 들고 찍을 수 있게 하는 장비들도 그립 팀이 만들었다. 테스트를 여러 번 거쳐서 사용하기로 한 '미니 와이어캠'은 호랑이의 액션을 만들어준 결정적 장비다.

호랑이가 등장하는 액션 장면의 촬영을 위해서 이모개 촬영감독이 1차로 러프하게 액션 콘티를 만들었다. 이후 촬영을 더 구체화하기 위해서 허명행 무술감독이 액션 팀, CG팀과 애니메이션으로 프리 비주얼을 만들었다. 컷 바이 컷으로 호랑이의 동작부터 호랑이와 싸우는 일본군의 리액션까지 담은 프리 비주얼 영상(《visual effect 대호, 생명을 얻다》에서 더 자세한 이야기를 볼 수 있습니다.)이 실제 영화 본편에서 모두 구현될 수 있도록 말이다. 박훈정 감독, 이모개 촬영감독, 허명행 무술감독, 액션 팀과 CG팀이 촬영 전 4~5개월을 매달려 만든 프리 비주얼은 단순한 밑그림이 아니다. 이 프리 비주얼은 최종적으로 완성된 영화와 90퍼센트 일치한다. 그만큼 〈대호〉의 촬영은 현장의 돌발 상황과 애드리브를 살리는 대신 약속한 것을 지켜야 완성할 수 있는 작업이었다.

대호를
상상하라

호랑이 연구
study

호랑이가 나오는 영화를 만들려면 호랑이를 알아야 했다. 당연한 이야기이지만 그 당연함을 구체화하는 방안은 아직 없었다. 다들 생각해보니 호랑이의 실물을 본 기억도 거의 없었다. 어린 시절 동물원에 가서 본 호랑이 또는 동화책이나 영화 속 호랑이의 이미지만 떠오를 뿐이었다. 〈대호〉 스태프들은 가장 먼저 전국 동물원 중 어느 곳에 호랑이가 있는지부터 조사했다. 그리고 팀을 나눠 호랑이를 보러 갔다. 2주 동안 무작정 전국의 동물원을 돌았다. 넋을 놓고 호랑이를 보고 있어도 압도적인 기운을 품으며 지리산을 호령할 대호는 아직 눈앞에 그려지지 않았다. 박민정 프로듀서는 기본부터 먼저 챙기기로 했다.

"각자가 생각하는 호랑이의 모습을 하나로 통일하고 그 기준을 잡아가는 과정이 가장 시급하다고 생각했어요."

스태프들은 시나리오의 배경을 조사하는 한편 호랑이에 관해 알 수 있는 자료와 기록들을 찾았다. 호랑이의 종류, 사냥과 식습관, 행동 방식, 주거 환경 등 기본적으로 알아야 할 사항들이 너무 많았다. 프리 프로덕션 기간 중 소중한 한 달을 오로지 '호랑이 연구'에 몰두했다.

대호 만들어내기

호랑이는 가죽 색상과 줄무늬 차이, 두개골 특징을 기준으로 총 6종의 아종과 3종의 멸종한 종으로 분류한다. 시베리아 아무르 호랑이, 인도 벵골 호랑이, 인도차이나 호랑이, 말레이 호랑이, 남중국 아모아 호랑이, 인도네시아 수마트라 호랑이, 페르시아 카스피 호랑이, 자바 호랑이, 발리 호랑이까지. 그중 시베리아 동쪽의 만주, 백두산, 장백산 일대에 살았던 시베리아 호랑이가 가장 체형이 크고 육중하다. '고려범', '조선범', '백두산 호랑이'로 불린 한국 호랑이는 현재 시베리아 호랑이로 분류된다. 그렇다면 대호는 당연히 시베리아 호랑이를 모델로 삼아야 했다. 시베리아 호랑이의 특징인 둥근 머리, 작고 동그란 귀, 다른 종에 비해 폭이 좁고 더 검은 줄무늬를 대호에게 어떻게 적용해야 할지도 고민했다. 시베리아 호랑이 수컷의 몸무게는 180~306kg, 암컷은 100~167kg이라는데 호랑이가 태어나서 몇 개월이면 어느 정도의 크기가 되는지 자료를 따져가며 구체적인 대호의 프로필을 만들어갔다.

무엇보다 박훈정 감독이 중요하게 여긴 건 딱 한 가지였다. "대호는 말 그대로 대호여야 한다." 옛 포수들이 대호를 판단하는 기준은 100관(375kg)이 넘느냐였다. 시나리오 상에서 "400kg은 족히 나간다"라는 대사를 생각하면 영화 속

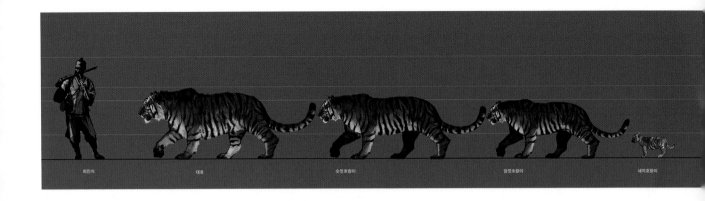

대호는 아무도 본 적이 없을 만큼 커야 했다. 대호는 꼬리를 포함한 몸 전체 길이는 3m 80cm, 높이는 140cm, 무게는 400kg으로 정해졌다. 대호의 얼굴 특징과 성격도 시나리오를 바탕으로 형성했다. "대호는 태어날 때부터 한쪽 눈이 없어요. 그러면 얼굴에 상처가 많겠죠. 한쪽 눈이 없어서 초점이 안 맞으니 이리저리 긁히고 부딪쳤을 테니까요. 애꾸범이 어릴 때 어미를 잃고 형제와 둘이 살다가 그 형제마저 죽고 혼자 살아남았다면 얼마나 험한 시절을 보냈을까요. 늑대들 틈바구니에서 살아남아 지리산의 산군이 됐을 정도라면 엄청나게 용맹하며 강한 카리스마도 있겠죠. 한 번 포효하면 온 산이 벌벌 떨 정도일 테고요. 그런 형상으로 설정했습니다." 박훈정 감독의 설명이다.

스태프들이 실제 시베리아 호랑이 사진들을 잔뜩 가져와서 가장 잘생긴 호랑이 얼굴을 골라보기도 했다. 그때 호랑이도 사람처럼 전부 다 다르게 생겼다는 사실을 알았다. 어떤 녀석은 코가 길고, 어떤 녀석은 눈이 동그랗고, 어떤 녀석은 눈꼬리가 올라가 있었다. 종별로 크기, 털 색깔, 털 길이도 다 다르지만, 호랑이 아종 중 시베리아 호랑이가 지닌 근엄함과 무게감은 확실히 달랐다. 그렇다면 대호는 역사상 가장 카리스마 넘치는 외모와 성격을 지닌 시베리아 호랑이가 돼야 했다. 박민정 프로듀서는 대호를 만드는 과정을 "무에서 유를 창조하는 과정"이었다고 설명한다. "우리가 대호에게 체격과 얼굴 특징, 표정, 소리, 성격, 어린 시절의 사연 등 모든 것들을 만들어줬으니까요. 더군다나 대호와 늙은 포수 만덕의 관계가 더없이 중요하잖아요. 캐릭터로서 대호의 히스토리를 만들고 이해하는 게 먼저였습니다." 대호의 디자인만 봐도 이 모든 내력이 묻어나야 하니 '우리만의 호랑이 만들기'는 예측보다도 훨씬 거대한 작업이라는 사실을 모든 스태프가 깨달아가고 있었다.

특수한 소스로 버무려낸 대호

대호의 프로필과 캐릭터를 만들어가는 동시에 대호를 어떻게 촬영할지도 결정해야 했다. 박민정 프로듀서는 "호랑이는 어차피 CG 과정을 거쳐야 한다는 전제가 있었죠. 막막했던 건 실사촬영을 어디까지 해야 할지, 현장에서 효율적으로 대비하기 위해 뭘 준비해야 할지 예상해야 한다는 것"이었다고 한다.

호랑이가 나오는 다른 영화들은 어떻게 촬영을 했을까 궁금했다. 호랑이뿐만 아니라 동물이 나오는 영화, 3D 동물 캐릭터가 나오는 영화들까지 어떤 제작 방식과 촬영 과정을 거쳤는지 조사했다. 〈라이프 오브 파이〉는 물론이고 〈투 브라더스〉, 〈글래디에이터〉, 〈미스터 고〉, 〈혹성탈출〉, 〈하울링〉, 〈더 그레이〉 등 동물이 나오는 영화는 무엇이든 찾아서 메이킹 필름을 보고 또 봤다. 호랑이 형제 이야기를 다룬 장 자크 아노 감독의 〈투 브라더스〉는 등장하는 호랑이들이 모두 실제 호랑이들이었다. 제작 기간도 무려 8년이 걸렸다. 그렇지만 〈대호〉를 그렇게 찍을 수는 없는 상황이었다. 제작 과정에서 가장 모델로 삼을 만한 작품은 역시 〈라이프 오브 파이〉였다. 대체 어디까지 실사 촬영을 했고, 어디까지 CG로 작업했을까? 각종 기사, 인터뷰, 메이킹 필름 등을 찾아봤다. 영화마다 방법에서 차이가 있고 공통점도 있었다. 결국, 박민정 프로듀서는 "〈대호〉에 맞게 우리만의 방식을 만들어가는 것만이 답이라는 결론을 내렸다"라고 말한다. 그래서 모든 것을 실사로 구현하고 CG의 도움을 받는 방법부터 모든 것을 CG로 구현하는 방법까지 광범위한 준비를 시작했다.

두 달 동안의 비딩과 PT를 통해 CG팀이 정해진 뒤 구체적인 회의에 들어가자 현실적이고 효율적인 방법들을 정리해나갈 수 있었다. '호랑이는 CG니까'라고 생각해서는 해결될 일이 아니었다. CG는 구체적인 재료로 완성되는 마법이다. CG 호랑이를 제대로 구현하기 위해서 어디까지 실사 촬영을 해야 할까? 또 CG에 밑그림이 될 '특수 촬영'과 '소스 촬영'은 어느 정도 해야 할까? 명확한 계산이 필요했다. 반드시 필요한 작업과 필요 없는 작업을 구분해야 시간과 비용을 낭비하지 않을 수 있기 때문이었다. 물론 이 모든 것은 콘티가 바탕이 됐다. 박훈정 감독이 시나리오를 수정하면서 동시에 콘티 작업을 했다. 각 팀이 감독과 회의를 거친 뒤 사진, 동영상, 그림, 기존 호랑이 영화 자료 등 레퍼런스를 준비해서 영화에 필요한 과정들을 하나하나 꼼꼼히 챙겼다. 박민정 프로듀서는 그렇게 결정된 방법들에 현장에서 생길 수 있는 변수까지 고려하며 전체 예산을 짰다.

시베리아 호랑이 '풍이'에서 대호를 끌어내다

CG팀을 정한 뒤에는 호랑이의 기본 동작을 만들어줄 소스 촬영이 시급했다. 대호의 실제 모델이 될 만한 호랑이를 섭외하기로 했다. 미국, 프랑스, 브라질, 태국 등 여러 나라의 동물보호기관들을 뒤져서 촬영이 가능한 호랑이가 있는지 확인하고 유명한 조련사들과도 접촉했다. 최단 시간 안에 필요한 호랑이 소스를 얻을 수 있는 베테랑 조련사가 필요했기 때문이다. 〈라이프 오브 파이〉에서 호랑이 조련을 담당한 조련사에게도 연락했다. 호랑이를 조련하는 데 기본적으로 걸리는 시간, 호랑이의 습성, 실제 호랑이를 어떻게 촬영하는지에 대해 수없이 전화와 이메일을 주고받았다. 그런데 〈대호〉에서 호랑이의 비중이 얼마나 중요한지 알려지자 계약하기 직전에 비용을 4배로 올린 경우도 있었다. 시간은 흘러가는데 대호의 모델은 좀처럼 찾기 힘들었다. 그렇게 여러 일을 겪고 보니 문득 이런 생각이 들었다. '조선의 마지막 호랑이'를 그리면서 시베리아 호랑이도 아닌 다른 호랑이들을 모델 삼은 해외 영화 방식을 그대로 따라가는 게 맞을까?

그래서 국내에서 좀 더 찾아보기로 방향을 돌리고 수소문했다. 그러다 우연히 부산의 동물원 '삼정 더 파크'에서 잘생긴 시베리아 호랑이 '풍이'가 건강하게 살고 있다는 사실을 알게 됐다. 확인해보니 박훈정 감독과 CG팀도 만족할 만큼 훌륭한 대호의 모델이었다. 박민정 프로듀서도 그때를 기억하면 흐뭇하다. "우리나라 마지막 호랑이에 대한 이야기를 만들면서 다른 나라 호랑이를 모델로 삼아야 한다는 사실이 내내 마음에 걸렸거든요. 그런데 원하는 호랑이를, 그것도 국내에서 찾았다는 사실이 뿌듯했습니다."

부산 삼정 더 파크의 풍이

삼정 더 파크의 수컷 시베리아 호랑이 풍이는 생각보다 더 훈련이 잘돼 있었다. 사육사들이 적극적으로 촬영을 도왔다. CG팀이 비디오카메라와 스틸 카메라를 수시로 들고 가서 콘티를 바탕으로 호랑이의 동작과 표정, 버릇 등 필요한 모든 것을 찍어왔다. 이 그림들이 CG 데이터로 활용됐다. 촬영 팀이 실제 영화용 촬영 카메라를 가져가서 바람에 날리는 호랑이 털의 움직임을 촬영했다. 털에 빛이 닿았을 때의 느낌, 호랑이 안광 등을 표현해줄 데이터를 확보하기 위한 촬영도 진행했다. 실제 어느 각도에서 호랑이를 잡았을 때 가장 멋지게 보이고 가장 이상하게 보이는지도 확인했다. 이미 CG팀이 동물원에 가서 찍어온 데이터를 기준으로 대호의 캐릭터 디자인을 하고 있었던 상황이었다. 소스 촬영을 여러 차례 진행해 그 데이터를 더욱 구체화할 수 있었다. 그 와중에 촬영팀은 언제 공격할지 모르는 호랑이 때문에 항상 긴장해야 했다. 처음 크레인에 카메라를 달아 호랑이 코앞까지 내렸을 때는 긴장감이 특히 컸다. 풍이가 야생 호랑이는 아니었지만, 그 눈빛과 카리스마는 대단했기 때문이다. 짜릿한 경험을 선사해준 풍이는 고맙게도 〈대호〉 스태프들이 촬영에 들어가기 얼마 전 새끼 두 마리까지 낳았다. 촬영팀은 포기했던 새끼 호랑이의 소스 촬영까지 덤으로 할 수 있었다. 풍이와 짝 '나비', 두 마리 새끼 호랑이들은 지금도 부산 동물원에 가면 볼 수 있다.

실감나는 대호를 보여주기 위해

소스 촬영 말고 호랑이 촬영을 위해 준비해야 할 또 다른 부분은 '모션 액터'를 캐스팅하는 일이었다. 킹콩을 연기한 앤디 서키스처럼 대호를 연기해줄 누군가가 필요했다. "대호는 단순히 달리고 포효하기만 하는 게 아니니까요. 영화 속에서 인간과 교감을 하는 생명체이기 때문에 블루 인형만 놓고 촬영하는 방식은 우리 영화와 맞지 않다고 생각했어요." 박민정 프로듀서의 설명이다. 처음에는 생각하지 못했지만 프리 프로덕션 중 보이지 않는 대호와 연기를 해야 하는 배우들의 감정을 끌어내고 유지하는 데 모션 액터가 꼭 필요하다는 사실을 깨달았기 때문이다. 실제로 카메라 앵글을 잡거나 위치 표시, 동선 파악, 시선 처리, 편집에 이르기까지 촬영의 모든 부분에서 모션 액터가 중요한 역할을 했다. 대호의 대역이라 할 모션 액터는 서울 액션스쿨 스턴트맨 출신의 배우 곽진석이 맡았다. 그는 프리 프로덕션 후반부터 비주얼 이펙트 회의에 참석했고 6개월 동안 오로지 〈대호〉에 매달렸다. 얼굴이 나오지는 않지만 단순한 대역이 아니라 작품 전체를 이해하고 대호의 모션과 감정을 보여주기 위해 시간과 노력, 배려를 아끼지 않았다.

그 밖에도 호랑이를 실체화하는 데 도움이 될 만한 건 뭐든 해야 했다. 인터넷에서 크기별로 호랑이 인형을 주문하고 호랑이 가면, 호랑이 발, 호랑이에 관련된 모든 것들을 구입했다. 연출제작팀은 실물 크기의 대호까지 만들었다. 대호를 디자인하면서 몸길이와 높이 등의 정보를 만들어놓았지만 직접 실물로 보는 것과는 차이가 있기 때문이었다. 실제 호랑이 더미를 만드는 것은 어마어마한 시간과 비용이 걸리는 일이었다. 영화용 더미는 특수분장팀이 회의를 거쳐 작업하겠지만, 그때까지 기다릴 수 없었다. 그냥 궁금하기도 했다. 대호가 실제로 사람과 서 있으면 어느 정도 크기일까? 헤드 스태프들도 그런 실물 사이즈의 대호가 있으면 회의 과정에 더 속도가 붙을 것 같았다. 그래서 박스를 이어서 에어캡을 두르고 호랑이 얼굴을 오려 붙여서 아주 원시적인 형태의 실물 사이즈 대호 모형을 만들었다. 박민정 프로듀서는 "만들고 보니 실감이 났어요. 우리가 이런 크기의 호랑이와 영화를 찍는구나. 정신이 바짝 들었습니다"라고 회상한다. 이 실물 크기 모형 대호는 회의할 때마다 중요한 가이드가 됐다.

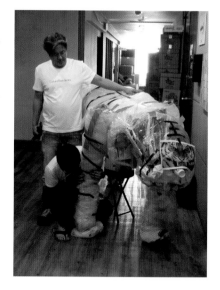

사냥꾼의 기록

〈대호〉 스태프들은 20세기 초 실제 호랑이 사냥꾼들의 기록을 조사했다. 박훈정 감독이 시나리오를 쓸 때 영감을 받은 책 《위대한 왕》의 저자 니콜라이 바이코프(1872~1958)가 그중 한 사람이다. 바이코프는 소설가이자 군인이며 실제 호랑이 사냥꾼이었다. 20세기 초 러시아 철도 수비대 장교로 만주에서 근무하며 자연과 동식물을 조사하라는 임무를 맡았다. 젊은 시절을 만주에서 보내며 자연과 동물을 향한 애정을 키운 셈이다. 동물학 분야에서는 특히 조예가 깊어서 훗날 이 분야에 이바지한 공헌을 인정받았다. 니콜라이 바이코프가 직접 사냥한 만주 호랑이 박제와 함께 찍은 사진은 호랑이 사냥꾼에 관한 자료를 모으는 사람들 사이에서 유명하다. 1936년 일본 신문에 연재됐다가 1938년 파리에서 출간된 《위대한 왕》뿐만 아니라 니콜라이 바이코프는 사냥에 관해 다양한 글을 썼다. 그중 20세기 초에 쓴 〈북만주 호랑이 사냥에 관한 글〉은 〈대호〉 제작진에게 좋은 자료가 됐다. 포수가 사냥개를 이용해 호랑이를 추격하는 방식과 호랑이의 급소를 사격하는 방법이 자세하게 적혀 있었기 때문이다. 호랑이가 다니는 길, 호랑이가 포수의 추격을 물리치는 교활하고도 의연한 태도, 부상한 호랑이가 포수를 기습한 사례 등 참고할 만한 호랑이 사냥의 행태도 자세히 소개했다. 호랑이가 어깨 뒤 심장 부근이나 머리 등 급소에 총을 맞고도 몸을 날려 포수를 산산이 찢어놓는 사례가 많았다는 바이코프의

글을 읽으면 자연스럽게 〈대호〉의 한 장면이 연상된다. 대호가 구경에게 한쪽 눈을 맞고도 절명하지 않고 오히려 구경을 공격해 무참히 날려버리는 장면에 사실성을 부여한다고 할까.

호랑이를 맞닥뜨렸을 때 생기는 심리적 공포 '공호증(恐虎症)'에 관한 묘사도 실감 났다. 덫을 이용한 호랑이 사냥, 호랑이 새끼를 미끼로 덫을 놓고 어미를 잡는 방법, 호랑이 사냥에 적합한 총기로 현대식 라이플까지 언급하니 실로 귀중한 자료였다. 바이코프는 '정호군'에도 참여한 조선의 명포인 이윤회와 교류가 있었고 글에서 조선 포수들의 활약상을 소개하기도 했다.

바이코프와 같은 세대 인물이자 같은 백계 러시아인인 사냥꾼 조지 양코프스키(1879~1956)의 기록도 도움이 됐다. 조지 양코프스키의 글은 무엇보다도 조선 포수들의 실력을 소개하고 있다는 점이 특별했다. 20세기 초 자그마한 산마다 호랑이가 살고 있을 만큼 호랑이의 나라였던 조선의 상황도 엿볼 수 있다. 박물관에나 있어야 할 16세기 구식 화승총으로 호랑이를 사냥했던 조선 포수들의 실력을 언급한 부분은 꽤 생생하다. 호랑이가 18m 앞, 한마디로 거의 눈앞까지 올 때를 기다려서 급소를 관통시키는 조선 포수들의 대담함과 수준 높은 사격 실력을 묘사했기 때문이다. 〈대호〉 스태프들과 배우들이 만덕의 젊은 시절, 도포수 구경과 칠구의 캐릭터를 이해하는 데 톡톡히 이바지한 셈이다.

〈대호〉가 자랑하는 조선의 마지막 명포 '천만덕'은 전통적인 방식의 화승총을 사용한다. 화승총은 탄환이 연발되지 않는다. 화약을 총신에 넣고 직접 불을 붙여 쏜 뒤 다시 총신을 청소하고 화약을 쟁이는 방식의 원시적인 총기이다. 탄환 자체도 대구경의 납덩어리로 된 실탄이다. 이런 화승총으로 호랑이 사냥을 한다는 것은 목숨을 걸어야 하는 일이다. 시베리아 호랑이들 가운데서도 무시무시하다고 기록된 조선 호랑이는 어깨의 견갑골과 늑골 사이의 작은 틈새로 심장을 단 한 방에 가격해야만 절멸한다. 만약 빗나가면 그대로 포수가 사망할 수도 있다. 호랑이가 다시 화약을 쟁일 시간을 허락하지 않고 엄청난 힘으로 펀치를 가해 두개골을 가격하거나 흉골을 부러뜨릴 수 있기 때문이다.

구경과 칠구 등의 젊은 세대는 연발이 가능한 서양식 총기를 사용한다. 병 모양의 탄피에서 무연 화약으로 발사되는 덤덤탄과 같은 실탄을 사용했을 것으로 추정된다. 탄속은 약 910m, 5연발 이상 가능하다. 그렇지만 그 성능으로도 결코 대호를 잡지 못한다. 구경과 칠구가 쓰는 현대식 라이플은 일본군이 지급한 것으로 보인다. 일본군이 구식 화승총을 모두 압수해 조선 포수들의 밥줄을 끊었다는 기록이 남아있기 때문이다. 신식 총을 든 구경이나 칠구와는 다르게, 천만덕은 과거 대호의 어미를 잡을 때와 현재 대호를 맞으러 상봉을 향할 때 모두 구형 엽총인 화승총을 든다. 천만덕에게 화승총이란, 평생을 해서 익숙한 전통적인 사냥법인 동시에 저항의 의미도 녹아 있지 않았을까?

호랑이가 18m 앞까지 가까이 오더라도 미동도 없이 기다리다가 단 한 발로 호랑이와 맞선 실력자 천만덕. 천만덕은 상봉에서 대호의 숨통을 한 번에 끊지 않는다. 대호 역시 총을 맞고도 단숨에 달려들지 않는다. 그런 머뭇거림은 포수와 호랑이의 사실적인 관계 속에서 마지막 순간 영화가 허락한 둘만의 교감, 둘만의 판타지다.

대호
Profile

- **나이** 11살(1915년 출생, 만 10세)
- **무게** 400kg
- **성격** 산주로서 온 산을 지배할 정도로 카리스마가 있다. 부성애가 강하고 의리가 있다.
- **가족 관계**

  현재 혼자(어미를 천만덕에게 잃고, 남자 형제와 단둘만 남았다. 그 형제도 곧 잃었다. 짝과 함께 새끼 두 마리를 낳았지만, 모두 죽고 말았다).
- **크기** 전체 몸길이 380cm(머리부터 꼬리까지)
- **외모 특징**

  태어날 때부터 왼쪽 눈이 보이지 않았다. 그렇기 때문에 왼쪽 눈 주변에 크고 작은 흉터가 많다. 또한, 우리나라에 사는 호랑이 중 가장 몸집이 크다.
- **행동 특징** 한쪽 눈이 보이지 않기 때문에 시야를 확보하기 위해 고개를 더 크게 돌린다.
- **강점**

  기본적으로 호랑이가 갖춘 강점을 모두 지니고 있다. 달리기가 빠르고, 힘이 세며, 나무를 잘 타고, 용맹스럽다. 대호는 특히 더 강인한 체력과 영리함을 갖추고 있어 함정에 걸려들지 않는다. 오히려 함정을 이용할 정도이다. 기억력이 뛰어나 한 번 본 사람의 얼굴도 잊지 않는다.
- **약점**

  왼쪽 눈. 왼쪽 눈이 보이지 않아 어릴 때는 넘어지거나 다치는 일이 많았다. 지금은 시행착오를 거쳐 살아가는 방법을 터득한 상태이지만, 건강한 호랑이보다는 시야가 좁다.

  가족. 사람들이 대호를 잡기 위해 대호의 가족을 이용한다. 대호는 자신을 잡으려는 계획인 줄 알면서도 위험을 무릅쓰고 새끼들의 사체를 찾아올 정도로 가족에 약하다.
- **기타**

  어린 시절 버릇이 없어서 어미한테 자주 혼났다. 반면, 애교도 많아 사랑도 많이 받았고 그만큼 짝과 새끼들을 아끼고 사랑한다. 현재는 혼자 지리산을 지키며 살아가고 있다.

대호, 현장에 서다

보이지 않는 대호와 연기하기

이제는 구체적으로 대호와 상대 배우의 합을 짜야 했다. 대호가 나오는 장면들은 크게 세 부류로 나눌 수 있다. 첫째는 대호가 엄청난 속도로 인간들을 공격하는 액션 장면이다. 둘째는 인간들 앞에 모습을 드러내지만 큰 액션은 없는 장면이다. 마지막은 대호 혼자서 감정을 드러내는 장면이다. 현장에서 '보이지 않는 배우' 대호와 연기를 해야 할 배우들을 고려하며 동선을 설계해야 했다. 대호의 디테일한 액션과 상대 배우들의 실감 나는 리액션까지 총체적인 디자인이 필요했다. 사람끼리 부딪치는 영화였다면 이렇게 난감하지는 않았을 것이다. 무술감독이 무술팀과 액션 콘티를 짜서 만든 동영상을 보며 수정해가면서 장면을 만들면 됐기 때문이다. 그러나 〈대호〉는 그런 과정만으로는 한계가 있었다.

대호의 액션을 디자인하다

　박훈정 감독과 스태프들이 '전투 신'이라고 부르는 대호의 초강력 액션 장면은 석이와 몰이꾼들이 당하는 1차 전투신, 구경이 죽음을 맞이하고 철포회수대도 산산조각이 나는 2차 전투신으로 나뉜다. 이런 장면의 액션 콘티는 절대 단순하게 만들 수 없다. 감독의 생각과 콘셉트가 명확해야 한다. 그것뿐만 아니라 촬영감독이 감독의 콘셉트를 가장 효과적으로 표현할 수 있는 카메라 앵글과 무빙을 적재적소에 세팅해야 한다. 무술감독은 그런 감독의 의도와 카메라의 움직임을 정확히 파악해서 액션을 디자인해야 한다. 그런 뒤 CG팀이 현장에 없던 대호를 그려 넣고 화면에 찍혀 있는 배우들의 리액션과 딱 떨어지게 합성했을 때, 그제야 그 장면에 관한 감독의 연출 의도가 살아난다. 액션 콘티 작업

은 그래서 중요하다. 박훈정 감독과 이모개 촬영감독, 허명행 무술감독은 액션 콘티 작업을 위해 프리 프로덕션 기간 내내 수시로 머리를 맞대야 했다.

허명행 무술감독은 박훈정 감독이 설명한 대호의 전투 시퀀스 콘셉트를 듣고 액션 디자인을 시작했다.

"대호의 동물적 감각과 능력'을 강조하는 콘셉트였죠. 워낙 크다는 대호의 힘이 어느 정도인지 그 궁금증을 풀어주는 액션 디자인이 필요했습니다. 잔인한 청소년 관람 불가 등급 영화도 아니니까 호랑이가 일본군과 포수대를 물고 잡아 뜯을 때의 힘과 스피드가 어느 정도까지 허용될지도 고민해야 했고요."

허명행 무술감독의 설명이다. 대호에게 당하는 일본군과 포수대의 리액션을 설계하는 데는 당연히 와이어 액션이 많이 들어갈 수밖에 없었다.

"호랑이의 공격을 받는 사람들의 리액션에서 그 사람들이 날아갈 때 특이하거나 화려하면 안 되죠. 무술 영화나 무협 영화가 아니니까요. 이질감이 없되 무조건 날아가서 아프게 죽는 걸 강조했습니다."

호랑이의 속도도 문제였다. 시나리오를 봐도 대호의 '전투신'에서 카메라가 고정되는 부분이 별로 없었다. 호랑이의 움직임이 곧 카메라의 움직임이었기 때문이다. 빗발치는 총알을 뚫고 일본군과 포수대에게 돌진할 때는 자신의 부상이나 죽음 따위는 개의치 않는 대호의 감정도 염두에 둬야 했다. "대호도 이 영화에서는 캐릭터니까요. 대호가 어떤 마음으로 싸움에 임하는지를 파악하고 그 감정에 기초해 동선을 그리는 것이 대호 액션 디자인의 핵심이었죠." 허명행 무술감독의 고민은 그렇게 다각도로 진행됐다.

대호의 느낌이 살아나는 액션 만들기의 어려움

이후 시뮬레이션을 통해 동영상 콘티를 만들어 오면 그걸 점검하고 수정해서 액션 콘티를 확정하기로 했다. 허명행 무술감독은 박민정 프로듀서에게 호랑이 탈과 호랑이 옷을 한 벌 사달라고 전화하더니 일주일 만에 첫 동영상 콘티를 들고 왔다. 그리고 동영상을 틀기 전 이렇게 말했다. "웃지 마세요. 아마 두 번 봐야 액션이 보이실 겁니다." 그러나 동영상 콘티를 보는 순간 다들 박장대소했다. 호랑이 탈을 쓰고 호랑이 옷을 입고 사력을 다해 뛰는 무술팀이 처음에는 웃길 수밖에 없었다. 그러나 곧 집중해서 동영상을 보기 시작했고 그 스피드와 액션 구성에 집중했다. 5분짜리 동영상 콘티를 만들기 위해서 무술팀 네 명이 번갈아 호랑이 옷을 갈아입으며 얼마나 노력했는지 보여서 곧 박수가 터져 나왔다. 스태프 모두 대호의 액션을 표현하는 일이 얼마나 어려운지 또 한 번 실감했다.

그러나 박훈정 감독은 쉽게 만족하지 않았다. 박훈정 감독은 "사실상 무술팀이 저 때문에 죽을 뻔했어요."라고 고백했다.

"처음 무술팀이 생각했던 호랑이 움직임이 제가 볼 땐 인간들끼리의 액션인 거예요. 수정이 필요했어요. 무술팀에게 '동물의 왕국'을 다시 보라고 했죠. 맹수들이 사냥할 때 속도감이 엄청나거든요. 사자가 자기보다 큰 버펄로를 사냥할 때 목을 물고 확 자빠뜨리죠. 호랑이가 앞발로 내려칠 때 거의 8톤의 충격이 있다고 해요. 그런데 호랑이가 온몸으로 사람을 치고 나가면 그 사람이 어떻게 되겠어요?"

호랑이 액션의 레퍼런스는 거의 존재하지 않았기 때문에 허명행 무술감독은 고민을 거듭할 수밖에 없었다. 〈라이프 오브 파이〉에서조차 호랑이가 사람을 물어뜯는 장면은 없었기 때문이다. 박훈정 감독은 생각보다 훨씬 강하고 빠른 액션을 원했다.

"사냥개도 뭔가 입으로 물면 좌우로 흔들고 터는 게 본능이에요. 고양이만 해도 쥐를 잡을 때 엄청나게 빠르잖아요. 호랑이는 사냥할 때 최고 시속 80km 까지 달려요. 앞발로 치면서 4m씩 점프하기도 하고요. 인간에게 총이 없다면 절대 호랑이 상대가 안 되죠. 그런 액션이 필요했어요. 인간을 기준으로 한 속도의 액션이 아니라 진짜 호랑이가 먹이를 사냥하는 속도의 액션."

허명행 무술감독도 문제점을 느꼈다.

"호랑이가 날듯이 덮치는 액션을 무술팀 친구가 와이어를 달고 했는데 아무리 해도 호랑이의 느낌이 나오지 않았어요. 체육관 안에서 찍은 동영상으로 숲의 공간감을 전달하는 것도 무리겠다 싶었죠."

대대적인 조정이 필요했다. 허명행 무술 감독은 아예 콘티 작가와 함께 액션이 있는 모든 장면의 콘티를 다시 그리고 이모개 촬영감독과 박훈정 감독의 확인을 거치며 수정에 수정을 거듭한 끝에 액션 콘티를 완성했다. 따라잡기도 힘들 만큼 빠른 대호의 액션이 제대로 설계되는 과정은 지난했다.

얼굴 대신 에너지를 카메라에 담다

완성된 액션 콘티를 CG팀이 넘겨받아 프리 비주얼 작업에 들어갔다. 사람과 호랑이, 배경, 효과 등 화면에 보여야 할 모든 것을 사전에 컴퓨터 그래픽으로 시뮬레이션해보는 작업이다. 이 작업을 통해 드라마와 액션이 더해졌을 때, 사람과 호랑이가 더해졌을 때, 또 배우만 홀로 리액션 연기를 해야 할 때 등등 각 장면의 효과를 더 확실히 구별할 수 있었다. CG팀이 완성한 프리 비주얼은 결국 실제 촬영을 위해 어떤 준비를 해야 하고 어떤 순서와 방식으로 촬영해야 할지 일종의 가이드가 되는 셈이다. 프리 비주얼을 통해 각자 머릿속에 제각기 멋대로 그리던 대호 액션도 그 폭을 좁혀가며 하나로 모을 수 있었다.

프리 비주얼은 현장에서 특히 중요했다. 호랑이에게 공격당하는 배우들이 호랑이 없이 연기할 때 어떤 상황에서 어떤 강도, 어떤 각도로 리액션을 취해야 하는지 알려주기 때문이다. 〈대호〉는 액션 장면뿐 아니라 '호랑이가 나오는 모든 장면'을 프리 비주얼 작업을 통해 셀 수 없이 확인을 거친 뒤에야 촬영에 들어갔다. 이 과정에서 대호 모션 액터의 필요성이 절실해졌다.

"처음에는 단순히 무술팀 중 한 명이 하면 되겠지 싶었는데 금세 그게 아니라는 생각이 들었죠." 박민정 프로듀서의 말이다. 그리고 이미 오디션을 통해 포수대 중의 한 명으로 캐스팅된 배우 곽진석을 떠올렸다. 〈대호〉 프리 프로덕션 초기에 곽진석이 대호 모션 액터에 관심을 보였기 때문이다. 물론 그땐 농담인 줄 알고 지나쳤다. 대호 관련 장면에 대한 확실한 계획도 서 있지 않았을 때였다. 다시 생각해보니 곽진석은 서울 액션스쿨 출신으로 스턴트와 감정 연기가 모두 가능한 배우였다. 〈우리는 액션 배우다〉의 주연을 거쳐 〈부당거래〉, 〈신세계〉, 〈남자가 사랑할 때〉 등에 출연하면서 박훈정 감독과 다른 스태프들, 동료 배우들 사이에서도 신뢰가 두터웠고, 오랜 조연과 단역 생활로 작품을 이해하고 분석하는 능력도 좋았다. 평소에도 체력관리를 꾸준히 해왔고 심지어 국내 유명 게임사들의 모션 캡처 배우로도 활동하고 있었다. 촬영감독만큼 앵글을 잘 이해하고 편집 포인트도 정확히 알고 있어야 하는 모션 액터로서 여러모로 자질이 충분했다. 박훈정 감독과 허명행 무술감독, 이모개 촬영감독은 더없이 적합하다며 찬성했다. 그러나 대호 모션 액터를 하게 되면 곽진석은 포수 역할을 포기해야 했다. 박훈정 감독은 "나야 너무 좋지만 6개월 동안 촬영장에 계속 있어야 하는데 얼굴은 한 번도 나오지 않는 역할을 과연 하려고 할까?"라며 걱정했다.

걱정하고 다르게 곽진석은 기꺼이 받아들였다. 대선배 최민식과 일대일로 연기할 수 있는 절호의 기회였기 때문이다. 모션 액터로서 끝까지 가보고 싶은 도전의식도 발동했다. 그런 이유로 다른 작품과 겹쳐기 출연도 하지 않고 〈대호〉에 올인했다. 캐스팅되자마자 아침마다 동네 뒷산을 달리기 시작했다. 스스로 동물원에 찾아가 호랑이의 움직임과 표정을 연구했다. 얼굴에 모션 캡쳐 마크를 붙이지는 않지만, 대호의 감정 연기를 해야 하기 때문이다. 비주얼 이펙트 회의에도 참석했다. 허명행 무술감독하고는 액션스쿨의 친한 선후배 사이여서 어떤 장면에서 대호를 몸 위주로 연기할지 아니면 감정 위주로 연기할지 더 특

별히 함께 의논하고 준비했다. 심지어 로케이션 헌팅도 함께했다. 대호가 돼 발을 디뎌야 할 땅의 경사가 어느 정도인지, 땅의 상태가 딱딱한지 무른지, 시야는 확보돼 있는지 스스로 먼저 확인했다. 그렇게 준비해서 현장에서 확실히 필요한 존재가 되고 싶었다.

"제가 에너지를 한곳으로 모아줘야 한다고 생각했거든요. 대호 쪽으로 에너지가 한 번 가고 그 신에 맞는 배우에게 다시 에너지가 가고 말이에요. 제가 그 에너지를 제대로 밀고 당기지 않으면 배우들의 연기 흐름이 안 맞을 것 같았죠. 그 부분을 염두에 두고 연기했어요."

진짜 대호가 되다

곽진석이 처음부터 대호를 연기하는 게 쉬웠던 건 아니다. 현장에서 CG를 위해 두툼하고 파란 겨울옷을 입었는데 현장 스태프들과 배우들이 약간 당황스러워했다. 모션 액터를 하다 보면 많이 겪는 일이었다. '스태프들을 믿게 하는 것'이 급선무였다.

"전 어쨌든 호랑이가 아닌데 어떻게 하면 믿을까 싶었죠. 처음에는 호랑이의 사나운 표정만 연기하고 있었는데 동시녹음 하시는 정군 기사님이 '진석아, 소리는 안 내냐?'라고 하셨어요. 그때부터 소리를 내면 더 믿을 수 있을까 싶어서 운전할 때마다 차 안에서 소리 지르는 연습을 했죠."

그리고 현장에서 리허설을 할 때마다 강력하게 에너지를 뿜으며 구경, 칠구 등 포수대 형님들에게 소리를 질렀다. 숏이 들어가면, 곽진석이 오디오가 겹치

지 않기 위해 동작만 해도 이미 그 장면의 느낌을 파악한 배우들이 리액션을 실감나게 할 수 있었다. 대호가 달리는 장면에서도 대호의 키 사이즈를 맞추기 위해 기마 자세로 산길을 달렸다. 눈 때문에 미끄러운 산길을 아이젠을 신고 거침없이 달린 그는 현장에서 '짐승 같은 놈'으로 불리며 박훈정 감독과 많은 동료의 믿음을 확실히 얻었다. 곽진석은 "100% 다른 배우들과 스태프들을 배려해야 하는 연기를 했지만, 오히려 저에게 큰 도움이 됐습니다."라고 말한다. 이모개 촬영감독은 곽진석이 대호가 돼 먼 산을 바라보는 장면을 찍은 뒤 "정말 멋지게 나왔다. 영화에는 안 나와도 네 얼굴이 나오는 영상을 따로 받아가라"라고 격려해주기도 했다.

대호의 어미도 곽진석이 모션 연기를 했다. 대호 어미가 먹이가 없어서 마을로 내려왔다가 만덕, 구경, 칠구와 마주치는 장면에서 박훈정 감독은 곽진석에게 어려운 주문을 했다. '너무 굶주리다가 산을 한두 개 정도 넘어서 마을에 들어가 돼지를 잡고 다시 산을 두세 개 정도 넘어서 마주친 정도'를 표현해달라는 것이었다. 곽진석은 호흡과 움직임, 표정으로 대호 어미의 뼛속 깊은 굶주림을 표현해 박훈정 감독의 OK 사인을 얻었다. 예상보다 큰 효과를 거두고 현장을 놀라게 했던 모션 액터 연기 때문일까. 곽진석은 허명행 무술감독의 배려로 몇몇 장면에 포수대로 다시 출연하게 됐다.

곽진석의 모션 연기를 촬영하는 것은 현장에서 진행되는 여러 번의 촬영 과정 중 하나다. 곽진석이 대호를 연기하는 모습을 촬영한 뒤 비어있는 화면을 놓고 카메라가 같은 동선으로 촬영한다. 그다음 CG팀이 햇빛에 반짝이는 호랑이 털과 바람에 날리는 호랑이 털의 느낌을 알 수 있게 만든 퍼볼(Fur Ball)과 크롬볼, 그레이볼을 놓고 모션 액터가 연기한 현장을 다시 촬영한다. 이후 CG 캐릭터의 크기와 높이를 맞추기 위해 현장에 늘 가지고 다닌 실제 크기의 호랑이 모형판을 놓고 같은 장면을 다시 촬영한다. 이렇게 여러 번 촬영해야 CG로 만든 대호가 한 화면에 제대로 등장할 수 있다. 셀 수 없이 많은 사람의 노력은 결국 데이터가 돼 CG로 합쳐진다. 그러니 이제 대호가 CG로 생명을 얻어 온전히 그 모습을 드러내야만 한다.

더미 제작

특수분장

대호는 CG로 완성되지만 영화엔 대호뿐만 아니라 또 다른 호랑이들과 '개호주'라 불리는 호랑이 새끼가 등장한다. 대호의 어미, 대호의 짝, 그리고 대호의 새끼들이다. 이외에 지리산의 늑대, 노루, 다람쥐 등 다양한 동물들까지 볼 수 있다. 호랑이를 비롯해 실제로 살아있는 동물들을 데려다 촬영할 순 없으니, 그때야말로 비로소 특수분장팀이 만든 촬영용 동물 더미(Dummy)가 빛을 발하는 순간이다.

'손맛'이 살아있는 더미를 촬영해 후반작업에서 CG로 리터치하기도 하고, 더미 자체를 그대로 영화에 사용하는 경우도 있다. 특수분장팀과 CG팀이 콘티를 보면서 어떤 장면에 더미를 사용하고 어떤 장면에 CG 캐릭터를 사용할 것인가 긴밀히 협의해서 결정하게 된다. 더미를 사용하더라도 온전히 더미만 보여줄지, CG 효과를 어느 정도로 첨가할지까지 꼼꼼하게 따진다. 영화 속에 살

아 숨 쉬는 호랑이를 만들기 위해서 가장 효율적이고 효과적인 방법을 찾는 것이다. 〈헬보이〉의 헬보이 분장, 〈아이언맨〉의 아이언맨 수트가 특수분장과 CG의 협업이 빛나는 작품이듯, 〈대호〉의 동물들은 특수분장회사 'CELL'과 CG팀이 함께 도전한 결과다.

CELL의 황효균, 곽태용 대표를 포함한 14명의 식구들이 CG 작업을 돕고 실제 촬영도 하기 위해서 호랑이, 늑대, 여우, 고라니 등을 모델링해 더미를 제작했다. CELL이 만든 전체 동물 더미의 수는 대호 짝 겸 어미용 1마리, 대호 새끼 2마리, 늑대 5마리, 여우 2마리, 삵 1마리, 고라니 1마리, 도장관실에 전시된 박제 호랑이 1마리까지 총 13마리다. 동물들이 나오는 장면은 계절 여건 상 크랭크 인 후 한 달 안에 모든 촬영이 끝나야 했다. 그 시간에 맞춰 만들어야 하는 동물 더미의 수는 많고 작업과정도 어려웠기에 CELL 식구들은 크랭크 인 5개월 전인 2014년 7월부터 동물 더미 제작에 매달렸다.

황효균 대표는 그때를 이렇게 회상한다. "작업량도 워낙 많았지만 조선의 마지막 호랑이에 대한 영화라니까 다가오는 무게감이 있었죠. 웅장한 느낌이랄까요."

실제 촬영에서 큰 비중을 차지한 더미는 대호 짝과 대호 새끼의 사체다. 조선 포수대에게 사냥 당한 후 포수대 건물 앞마당에 널브러져 사람들의 이목을 끄는 장면에 등장한다. 소품팀에서 준비한 돼지, 토끼 등의 여러 박제들을 깔

고, 대호 짝과 새끼들의 사체 더미를 그 위에 올려놓은 것이다. 새끼들의 더미는 대호를 끌어들이기 위해 덫을 놓는 장면에도 쓰인다. 대호가 새끼 사체를 물고 가는 장면에선 블루 인형과 새끼 더미를 각각 촬영한 후 CG팀에서 합성하는 방식을 취하기도 했다.

그중에서도 대호의 짝은 황효균 대표가 "가장 힘들었던 작업"으로 꼽는 더미다. 400kg이 넘는 설정의 대호보다는 작지만 실물 크기로 만들었는데, 그 과정이 지난하다. 가장 먼저, 조선 호랑이의 얼굴 모양, 색, 덩치를 표현하기 위해 연출제작팀이 그렇듯 CELL도 자료 조사를 했다. 다행히 CELL은 〈관상〉 때 호랑이를 만들어본 경험이 있어서 그때 모아둔 자료들이 도움이 됐다. 이미 호랑이 관련 영상도 수없이 챙겨 봤지만, 시베리아 호랑이의 형태와 색깔을 알기 위해 회사 전체가 동물원에도 자주 갔다. 그들이 만들 호랑이 더미도 당연히 조선 호랑이의 모습이어야 하기 때문이다.

황효균 대표는 조선 호랑이 얼굴을 "점잖게 잘생겼다"고 말한다. 얼굴이 넓고 고풍스러운데다가 덩치도 다른 지역의 호랑이들에 비해 가장 크고 둥글둥

호랑이 모델링

글하다. 그 특성을 감안해 유토로 모델링을 한 후 실리콘으로 틀을 떠서 털을 붙이지 않은 호랑이 모형을 제작한다. 대호의 짝 사체는 포수대가 막대기에 매달아 옮긴 후 포수대 앞마당에 눕혀놓기 때문에 자세의 변화가 가능하도록 틀 안에 관절을 만들어 넣는다. 그리고 특수한 인공 주머니도 함께 넣는다. 통으로 스티로폼을 채웠다가는 한쪽이 너무 눌리거나 불룩해져서 형태가 변형될 수도 있기 때문에 부위별로 여러 인공 주머니를 넣는 것이다. 일종의 가짜 근육을 부위별로 만들어주는 셈이다. 그러면 대호의 짝 더미를 왼쪽으로 눕히든 오른쪽으로 눕히든 막대기에 매달든 자연스런 형태가 나오게 된다. 그렇게 관절과 인공 근육 주머니를 넣고 실리콘으로 표피를 제작해 모형을 감싼 후, 그 표피 위에 털을 붙인다.

CELL은 그 털의 재료로 인조털이 아닌 실제 동물털, 그중에서도 백늑대 털을 수입해서 사용했다. 이 털만 해도 비용이 약 7~800만 원이다. 문제는 털을 어떻게 정리해서 쓰느냐가 관건이다. 호랑이의 등털만 해도 등골 부분의 털이 제일 길고 점점 짧아진다. 그래서 부위별로 15장의 털가죽 조각을 만들어 표피

위에 붙인 후 털을 부위별 길이에 맞게 잘라서 손질을 했다.

부위마다 다른 털의 결을 표현하는 것도 어려운 일인데, 특히 호랑이의 얼굴, 앞발, 뒷발 부위는 가죽채로 붙이면 두껍게 쌓여서 결의 방향을 표현하기 어렵다. 그래서 그 부분에 붙일 털가죽의 털만 바리깡으로 포를 뜨듯이 떠낸다. 접착제를 사용해 그 털을 호랑이 모형의 얼굴, 앞발, 뒷발에 결 방향을 살려 일일이 손으로 붙이는 것이다. 정말 인내를 시험하는 일이다.

이 외에 호랑이 수염과 속눈썹은 빳빳하고 긴 나일론을 잘라서 끝을 뾰족하게 사포로 다듬은 후 모형의 얼굴 부위에 심는다. 애초에 유토로 모델링을 할 때 수염과 속눈썹을 심을 것을 예상하고 얼굴 부위의 표피를 두껍게 만드는 것까지 미리 계획해야 가능한 일이다.

호랑이 눈알과 이빨은 우레탄으로 제작한다. 눈알에 세필 붓으로 눈동자를 그려 넣고 이빨도 누런 느낌이 나게 색을 칠해준다. 이렇게 호랑이 모형 전신에 털을 붙이고 얼굴의 디테일을 살리면 그 다음엔 털을 염색해야 한다. 그런데 이 염색 과정 또한 피 말리는 과정이다.

애초엔 동물털을 그냥 색칠하려고 했다. 하지만 촬영 중에 계속 움직이면서 쓸리고, 몇 번 세팅을 하다 보면 칠이 지워지기 일쑤. 그래서 CELL은 실제 털을 염색하기로 했다. 노란색 염색약을 묻혀서 일정 시간이 지난 후 씻어내 헤어 드라이기로 말린다. 그리고 다시 바짝 마를 때까지 며칠을 기다린 다음, 호랑이의 검은 줄무늬를 만들기 위해 노랗게 염색된 털가죽 위에 표시를 해서 줄을 그려놓고 그 부분만 검은색으로 다시 염색한다. 일정 시간이 지나면 역시

염색약을 씻어줘야 하는데, 검은 염색약이 워낙 강해서 검게 빠지는 물에 노란 털 부분이 온통 검게 염색돼 버리고 배 부분의 하얀 털까지 흘러서 회색으로 만들어버리기 일쑤였다. 그 때문에 털가죽을 전부 다 떼어서 다시 노란털 염색, 검은 줄무늬 염색을 몇 번이고 반복했던 시행착오를 겪었다.

대호는 실물 더미를 활용하지 않고 CG로 만들었지만, 대호의 앞발이 눈밭을 디딜 때, 나무를 칠 때를 위해 '앞발' 더미를 만들기도 했다. 이 앞발을 액션 팀이 착용하고 연기했다. 발톱 부분은 사람이 맞았을 때 아프지 않도록 실리콘으로 약하게 제작했다.

이 외에도 손에 낄 수 있는 늑대의 머리를 제작해서 사람을 물어뜯는 장면의 클로즈업이 필요할 때 사용했다. 늑대 머리 안에서 이빨 사이로 피가 나오게 피 라인을 심어서 효과를 내고, 이빨 역시 실제 피부를 물어도 아프지 않도록 실리콘으로 제작했다. 대호를 잡으려고 친 그물에 늑대가 잡힌 장면에선 늑대 머리를 손에 낀 특수분장팀원이 그물 안에 들어가서 늑대 머리를 움직이는 연기를 하기도 했다.

동물 더미 외에도 CELL의 세심한 손길이 닿은 곳이 있다. 바로 인간 더미다. 가장 눈에 띄는 것은 1:1 비율로 만든 석이 더미다. 석이가 늑대에게 물릴 때와 만덕이 죽은 석이를 집안에 눕혀놓고 불을 지를 때 사용됐다. 포수대에 들어간 석이가 몰이꾼들과 함께 있다가 대호를 만나고 다치게 될 때는 실제 석이 역의 배우 성유빈의 몸에 직접 특수분장을 했다. 한번 할 때마다 2시간은 족히 걸리는데, 살점이 떨어지고 패인 흉터를 표현해주는 수십 종류의 인조 피부 패치를

만들어 붙이고 촬영했다. 촬영 도중 컷! 사인이 들릴 때마다 성유빈의 특수분장을 계속 손보는 것은 기본이었다.

석이 더미 외에도 인간 더미가 꽤 많이 등장한다. 극 초반에 대호에게 당해 발견되는 포수 시신 더미가 있고, 대호와의 2차 전투신에서 뜯기고 할퀴고 물려 죽은 시신 25구가 숲 사방에 널브러져 있다. 무려 석달 넘게 걸려 만든 25개의 인간 더미다. 영화 18도에 가까운 살벌한 눈밭에 배우들을 마냥 누워 있게 할 수 없고, 설사 누워 있다치더라도 추위에 저절로 몸을 떨게 되기 때문에 추위와 움직임에 대처할 수 있도록 인간 더미를 만든 것이다. 갈비뼈가 파헤쳐져 있거나 팔이 잘리기도 하고, 하반신과 상반신이 따로 떨어지기도 하는 등 각기 다른 형태로 처참하게 보이는 인간 더미들은 상황의 잔혹함을 표현하는 데 꼭 필요했다.

정해진 시간 내에 이 많은 더미를 다 만들 수 있을지 걱정이 컸더던 황효균, 곽태용 대표와 CELL 식구들. 그들의 일산 작업실에는 아직도 호랑이 더미가 당당하게 자리를 지키고 있다. 황효균 대표의 스마트폰엔 온통 호랑이 사진이다. CG만으로도 근육과 표정, 눈빛 감정의 표현이 가능한 시대지만, '손맛'이 느껴지는 특수분장의 노력과 가치는 여전히 유효하다.

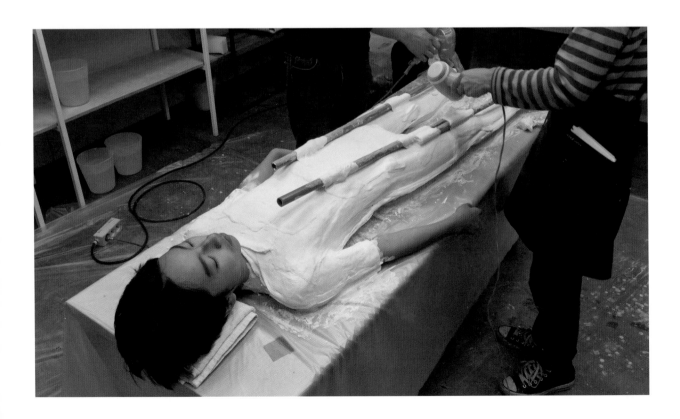

Production

어느 늙은
포수의
이야기

크랭크 인
첫 촬영의 기억

2014년 12월 15일 지리산 구룡 계곡

드디어 시작된 6개월의 대장정. 전라북도 남원 쪽 지리산 끝자락 구룡 계곡에서 크랭크 인을 했다. 만덕이 대호와 자신의 업을 끝내기 위해 상봉으로 향하는 후반부에서 나무를 헤치고 계곡을 건너는 장면이 첫 촬영이었다.

한재덕 대표

"전날 밤에는 설레는 마음에 잠을 잘 못 잤다. 새벽에 장비를 다 들고 구룡 계곡까지 올라갈 때 너무 추웠다. 민식 형님이 나무를 헤치고 한겨울 냇가를 건너는 순간 험난한 영화 제작 과정이 예고됐다. 도대체 언제 끝날까? 무사히 끝날 수 있을까? 앞으로 가야 할 길이 더 길게 느껴졌다."

박훈정 감독

"그날의 기억은… 너무 추웠다. 내가 진짜 〈대호〉를 찍고 있다니! 믿기지 않았다. 대체 어찌 된 일인가."

정만식 배우

"신기했다. 배우 최민식의 연기를 라이브로 보고 있다는 사실이 놀라웠다. 민식 형님은 그 와중에 허리춤에 '마이쮸(과일 맛 캐러멜)'를 끼고 있었다. 그래도 감개무량하기만 했다. 박훈정 감독님의 연출 방식을 알고 싶어서 크랭크 인부터 이틀을 현장에 있었는데 잘한 일이었다. 그 추위에 강풍기를 트는 건 의외였다. 강풍기를 계속 트시느냐고 감독님에게 물었더니 이런 답을 들었다. '아마 산에 바람이 늘 부니까 계속 틀겠죠. 강풍기와 친해지세요.'"

김상호

"미안하다. 거기 없었다. 따뜻하게 집에 있었는데 감독님에게서 전화가 왔다. '크랭크 인 현장에 다들 왔는데 혼자 안 오다니 배신자!'라고. 글쎄…. 거기까지 가기엔 너무 추웠다."

Sequence 1
산을 오르는 만덕

영화는 1915년 지리산의 웅장한 겨울 풍경으로 문을 연다. 하얀 설산의 바다를 걸어오는 만덕. 한눈에 다 들어오지 않을 만큼 넓고 거대한 지리산 일부처럼 보인다. "시나리오를 처음 읽었을 때 한 폭의 수묵화 같은 그림을 떠올렸다"라던 이모개 촬영감독의 이미지가 그대로 구현된 장면이다. 만덕과 눈 말고는 아무것도 없는 풍경이 신비롭고 깨끗하다. 지리산의 차가운 공기와 바람도 화면에 가득하다. 바람 사운드는 김창석 사운드 슈퍼바이저가 새벽녘 집 근처 천마산에 올라가 따온 소리와 사운드 라이브러리에서 고른 소리가 섞여 있다. 범 사냥을 하기에는 적당한 때가 아니지만, 한겨울 산을 헤매고 있는 사냥꾼 만덕. 천만덕의 인생에서 홀로 짊어져야 할 쓸쓸함과 고통을 어렴풋이 짐작할 수 있다.

박훈정 감독은 천만덕의 사냥관을 '포수로 살아온 아버지한테 배웠고, 그 아버지가 또 아버지한테 배웠던 사냥하는 자세와 사냥물을 상대하는 어떤 생각'이라고 말한다. 만덕이 어린 석이에게 알려주는 사냥법 역시 마찬가지다. 포수질을 대물림할 생각은 없을지라도 한 방에 정확히 생명을 보내주는 법을 가르치고, 아직 아무것도 모르는 어린 석이가 그 가르침을 받아들이는 모습이 사랑스럽다. 가장의 모습과 직업인의 모습이 함께 드러나는 천만덕. 성장한 석이도 불을 댕기는 법을 가르쳐준 이 시절의 아버지를 기억하고 있다.

저만치 갈대밭 너머, 깡충거리며 뛰어가는 산토끼 한 마리.
화면 앞으로 스윽 뭔가 총구 같은 것이 조심스레 내밀어진다.

만덕(소리) : (나직한) …팔 딱 붙이고… 끄트머리에 맞춰. 눈 껌벅거리지 말고!

흐릿하게 보이는 총구 끝에 정확하게 고정되는 산토끼.
상황파악이 안 되는지 연신 풀을 오물거리며 이쪽을 빤히 돌아보고 있다.

만덕(소리) : (다짐 주는) 꼭 한 방에 보내주는 거여…. 숨 참고….

흡…. 억지로 숨을 참는 아이의 소리.

만덕(소리) : 그려…. 속으로 세…. 하나… 둘… 셋! 지금이여, 땡겨!

순간 "빵!" 하는 아이의 소리. 그 소리에 놀란 산토끼가 후다닥 달아나버린다.
나무를 깎아 만든 총을 든 여섯 살배기 어린 석이 자세를 잡아주던 만덕을 돌아본다.

석 : 아부지! 시방 맞은 거여유?
만덕 : (고개를 끄덕거려 보이며) 틀림없구먼.

이모개 촬영감독은 "일상에서 평범한 아버지인 천만덕의 얼굴과 산의 기운, 예의, 정신을 느끼는 천만덕의 얼굴은 아주 달랐다"라고 회상한다. 박훈정 감독도 격찬한 영화 속 최민식의 얼굴 중 가장 평온한 얼굴을 만날 수 있는 장면이기도 하다. 그러나 그 얼굴은 곧 험난한 산처럼 변화한다.

엄동설한에 쌀독은 비어있고 솥에는 감자 주먹밥 두어 개뿐인 가난한 살림살이. 가족을 위해 뭐라도 잡아야겠다는 심정으로 총을 들고 겨울 산을 헤매던 만덕은 범의 기척을 느끼고 순간 총을 겨눈다. 사냥꾼으로서 만덕의 직업적 능력을 처음 보여주는 장면이기도 하다. 만덕은 까마귀가 나는 소리를 통해 범의 위치를 찾는다. 〈대호〉에서 들리는 숲의 새 소리는 오직 이 까마귀 소리뿐이다. 새 소리가 원근감을 표현하는 데 효과적이지만 밝고 즐거운 느낌이 대부분이기 때문이다. 박훈정 감독이 영화의 성격과 맞지 않는다고 판단해서 까마귀 소리만 남기고 걷어내기로 했다.

사냥꾼에 대한 직업적인 준비보다 내면을 준비하는 데 더 고심했다는 최민식. 만덕에게 총은 '평생의 반려자와 같은 의미'라고 이해한다. 사냥을 위해 화승총을 드는 것부터 만덕의 캐릭터가 엿보인다는 이야기다. 최민식은 "그 총이 곧 나만의 룰, 나만의 전통을 지키겠다는 만덕의 고집"이라고 말한다. 다만, 장전이 쉽지 않은 전통의 화승총이 실제 촬영 때는 최민식을 꽤 애먹게 했다.

이 장면은 영화 후반 만덕이 산막에서 석이의 시신을 데려온 대호와 마주하며 떠올리는 과거로 다시 등장한다. 이때 만덕이 느낀 범의 기척은 마을에 내려갔다가 집돼지를 물고 온 대호의 어미다. 그리고 대호의 어미를 죽이지만 새끼인 대호와 대호의 형제를 살려주는 장면으로 이어진다. 최민식은 그 의미를 이렇게 설명한다.

"원래 호랑이 사냥의 규칙이죠. 새끼 딸린 어미는 죽이지 않는 것이고 개호주, 그 새끼들도 죽이지 않는 겁니다. 구경이나 칠구는 일단 생계가 위험하니까 개호주라도 잡아다 팔아먹자 이런 주장을 펴지만, 천만덕은 '산이 알아서 할 일이다'라면서 개호주를 놔주지 않습니까? 만덕이 자식을 얻어서 새로운 생명을 얻었기 때문이죠. 이 장면이 만덕의 심경 변화를 포커싱합니다."

1925년 경상남도 도장관실을 찾은 일본 육군고관 마에조노. 포수대장 류 소좌에게 마을 사람들이 '지리산 산군'이라 부르는 대호를 잡아오라고 명령한다. 류는 은퇴한 명포 만덕을 불러 포수대가 대호 사냥에 나설 때 길잡이 노릇을 하라고 시키지만, 만덕은 말을 듣지 않는다. 부쩍 자란 만덕의 아들 석은 그런 아버지가 걱정되면서도 답답하다. 반면, 도포수 구경은 류의 다그침과 동생을 잃은 원한 때문에 대호를 잡으려고 한다. 구경이 이끄는 포수대는 대호를 끌어내기 위해 대호의 짝과 새끼들을 사냥한다. 그러자 어디선가 급작스럽게 숲을 헤치며 나타나는 거대한 맹수의 발. 살기 어린 대호의 시선이 세 마리의 사체를 지고 마을로 향하는 포수대를 지켜본다.

마에조노와 류가 등장하면서 영화의 시점은 1925년의 현재로 변한다. 조화성 미술감독이 독재자의 위압감을 담아 설계한 도장관실에서 마에조노와 류가 처음 모습을 드러낸다. 이때 둘의 대화에서는 당시 조선총독부가 민생에 해를 끼치는 짐승을 박멸한다며 실시한 '해수구제 정책'이 언급된다. 마에조노가 드러내는 대호 사냥의 목적이 이중성을 띠고 있다는 사실을 알 수 있다. 박훈정 감독은 마에조노와 류의 대화를 통해 시대의 변화와 '개인적 욕망을 충족하기 위해서 시작했다가 일본군의 자존심까지 걸게 되는 상황'을 보여주며 드라마를 만든다.

마에조노 : 좋아. 그럼 어디 한번 얘길 해봐….
대체 그 지리산 산군이란 놈…. 못 잡는 건가? 안 잡는 건가?

류 : (당황스러운) 가… 각하!

마에조노 : 다른 지역 포수대들은 진즉에 끝낸 조선 호랑이 사냥이야.
그곳만 그리 늦어지는 이유가 뭔가?
(보고서를 흔들어 보이는)
자네 덕에 이 지역 조선인들의 기세만 살아났어.
이건 총독부에서 조선 호랑이 구제 사업을 하는 목적에도
정면으로 배치되는 결과다. 어떻게 생각하나?

류 : 죄송합니다, 각하! (그러다 얼른)
현재 전력을 다해 놈을 쫓고 있습니다!
최대한 빠른 시일 내에! 반드시 잡아내겠습니다!

1925년의 현재는 가을이다. 전라남도 완도에서 주로 촬영한 늦가을 장면은 세월과 계절의 변화를 확연히 드러낸다. 이모개 촬영감독은 "가을과 겨울로 색깔이 바뀔 때마다 산의 질감을 진짜처럼 느껴지게 하고 싶었다."라고 말한다. 그렇기 때문에 완도의 푸른 숲은 세밀한 색 보정을 통해 낙엽색에 가까운 가을빛으로 바꾸었다.

영화 속의 장면은 가을이어도 촬영 현장은 매서운 한겨울이었다. 낮 신을 찍을 때는 아침 6~7시에 동이 트자마자 바로 촬영에 들어가 해가 질 때까지 정신없이 촬영해야 했다. 밤 신을 찍을 때는 저녁 7~8시부터 촬영을 시작해 새벽 4~5시에 끝내는 일정이었다. 이런 스케줄이 가능하게 하려면 배우들은 촬영 시작 3~4시간 전에 스태프들보다 먼저 모여야 했다. 숙소에서 나와 베이스캠프에서 의상 준비와 분장을 마친 뒤 식사를 하고 소품을 받아 모든 세팅을 마쳐야 했기 때문이다. 그리고 촬영장까지 오는 이동 거리까지 감안하면 사실상 새벽 2시에는 깨어서 움직여야 아침부터 촬영할 수 있었다는 이야기다. 베이스캠프에서 현장까지 이동하는 것도 예삿일이 아니었다. 큰 차는 현장 가까이 진입할 수 없기 때문에 각종 승합차에 나눠 타고 현장 근처까지 간 뒤 걸어서 이동해야 했다. 구경 역을 맡은 정만식은 흉터의 특수분장을 하는 데 걸리는 시간을 감안해 다른 배우들보다도 1~2시간 먼저 칼바람을 맞고 현장에 도착했다. 모두 치열한 자기 관리 없이는 힘든 일정이었다.

이 시퀀스에서 도포수 구경과 칠구를 비롯한 포수대들이 처음 얼굴을 보이며 지리산에서 대호의 짝과 새끼들을 잔혹하게 사냥한다. 그리고 분노에 차 달려오는 대호의 신체 일부와 시점이 처음 등장한다. 대호의 시점 쇼트는 '미니 와이드 캠'을 사용해 스피드를 살리고 관객이 같이 동화될 수 있도록 면밀히 계산한 컷들로 편집됐다. 앞선 시퀀스에서 화승총을 장전하고 있던 만덕이 스치는 소리로 호랑이의 동선을 파악하듯 대호의 첫 시점 숏도 놀라운 스피드로 이동하는 카메라 무빙과 수풀이 들썩이는 사운드가 긴장감을 자아내게 연출됐다. 대호의 대역을 연기한 배우 곽진석은 이 장면에서 대호가 수풀을 스칠 때 어느 정도 움직임을 줘서 흔들리게 할지 CG팀과 긴밀하게 협의하기도 했다. 특수효과팀이 강풍기로 수풀이 흔들리게 해 짐승이 훑고 지나가는 효과를 더했다.

　　대호의 짝과 새끼들의 사체가 포수대 앞마당에 놓여있는 장면은 소품팀의 노력이 컸다. 토끼, 돼지, 늑대 등 여러 동물 박제를 구해와 바닥에 깔고 대호 짝과 새끼들의 사체를 올려놓았다. 특수분장팀이 만든 대호 짝 더미가 돋보이는 동시에 포수대의 사냥물이 더 풍성해 보이게 만든 셈이다. 곡성의 한 특수학교에서 촬영한 포수대 장면은 앞마당과 연병장이 트여 있어야 하는데, 촬영 장소가 사실 학교 운동장이다 보니 빛 조절이 힘들었다. 실크 천으로 햇빛을 가릴 수 없는 여건이라 이모개 촬영감독이 카메라 조리갯값을 적정기준에 맞춰 무게감을 살리려 애썼다.

　　포수대의 만행에 대호가 쏟아낸 분노의 포효가 지리산 전체를 울리며 기습을 예고할 무렵, 만덕과 석은 한가롭게 지리산 자락을 걸어가고 있다. 이 장면에서 만덕과 석이 대화를 나누며 지나는 갈대밭은 영화 속에서 유난히 돋보이는 가을 풍경이기도 하다. 만덕과 석의 평화롭고 한가한 일상을 표현하는 장면으로 경남 합천에서 촬영했다. 보기에는 그저 평화롭고 아늑해 보이지만, 실제로 갈대밭에 부는 칼바람은 정신이 혼미해질 정도였다. 영화 중반 이후 마에조노가 망원경을 보는 장면들도 이곳에서 촬영했는데, 마에조노 역의 오스기 렌이 한국 겨울의 혹독한 추위를 제대로 겪은 곳이기도 했다. 매서운 바람을 맞다가 눈물까지 흘렸으니 말이다.

석 : 아, 이 산이고 저 산이고 왜놈덜이 설치는 통에 산짐승덜이 씨가 말라 가잖유?

(쫓아가며 은근한)
그러니께… 우덜두 여기저기다 그냥 올무나 쫙 깔아 놓고
한 번씩 슬슬 댕김서 거두기나 합시다.
이라고 부지런 떨어봐야 헛일이유. 몸만 피곤하다니께.

만덕 : 그라면 쓰냐? 올무는 눈깔이 없는디…
잡을 놈만 잡는 것이 산에 대한 예의인겨.
뭐든 그라고 쓸데없이 욕심이 들문 안 되는 겨. 탈 나, 그르다.

석 : (삐죽거리는) …산이 무신 예의를 안다고 뭔 또 예의까지유?

만덕 : (못 들은 척 걸음을 빨리 하는) 주뎅이 고만 털고 언능 쫓아나 와.

석 : (그런 만덕을 보며) 여튼… 저노무 똥고집… (쫓아가며)
아, 머릴 안 쓰면 몸이 피곤한 거유! 시대가 바뀌었잖아유! (한숨)
답답허다, 증말…
내가 벽이랑 얘길 허는 것이 빠르재. 아! 아부지! 같이 좀 가유!

Sequence 3
대호와 만덕, 싸움을 피하다

산에서 캔 약초도 팔고 석의 고뿔약도 지을 겸 저잣거리
약방에 들른 만덕. 절친한 약재상한테서 대호의 최근 상
황을 듣는다. 그 시간 석은 칠구의 딸 선이와 몰래 만나지
만 선이한테 혼담이 들어왔다는 말에 애가 탄다. 산막으로
돌아간 뒤, 석은 대호를 잡아보자고 만덕을 떠보다가 혼만
난다. 얼마 뒤 포수대가 산에서 새끼들의 사체로 덫을 놓
지만, 대호는 능란하게 덫을 피해 새끼들의 사체를 데려간
다. 화가 솟구친 구경은 칠구의 만류에도 불구하고 포수대
와 함께 만덕을 찾는다. 과거의 상처까지 들먹이며 대호
사냥을 부추기는 구경. 만덕은 굳은 얼굴로 포수대를 돌려
보낸다. 석은 그런 만덕을 다시 설득하려다가 더는 산에서
살기 싫다며 뛰쳐나간다.

약재상 : (깜빡했다는) 아… 맞다. 니 혹시 산군님 얘긴 들었나?
(짐짓 심각해지는)
엊그제 포수대 애들이 산군님 새끼들이랑 그 짝을 떠메고 내려왔다더라.
내는 안쓰러워서 차마 못 봤는데, 동네 사람들 다 봤다 카대.

만덕, 표정이 어둡다.

약재상 : 이거 해도 너무한 거 아이가? 아니 산군님을 그리고 잡아버리면
앞으로 늑대에, 산도야지들 행패가 억수로 심할 낀데…. 좀 작작 좀 하지….

만덕 : ….

약재상 : (착잡한) 그란데 죽을 때 죽더라도…
산군님 정도면 사실 천포수 니 같은 명포 손에 죽어야
그나마 여한 없는 거 아이가?

만덕 : (잠시) …거 실없는 소리… (돌아서며) 나, 가….

약재상 역을 맡은 김홍파는 이 장면을 포함해서 영화에 두 번 등장한다. 분량은 작지만 만덕의 심중을 위로하고 헤아리는 중요한 역할을 한다. 대호와 명포의 운명적 연결고리를 넌지시 암시하는 대사도 약재상의 입을 통해 나온다. 약재상의 일터인 약방도 저잣거리 세트에서 가장 눈길이 가는 공간이다. 내부에 배치한 한약재 소품들의 디테일이 시대적 고증의 수위를 말해준다. 조화성 미술감독은 의외로 약방의 디자인에 의미를 뒀다.

"주인인 약재상을 그 마을의 유지 같은 느낌으로 생각했어요. 만덕보다는 세상의 변화를 더 많이 받아들여 온 사람이죠. 그래서 추상적이긴 하지만 만덕이 의지하고 편하게 느낄 수 있도록 심리적인 면을 반영한 공간으로 디자인했습니다."

약방 내부의 조명을 빛이 밖에서 안으로 자연스럽게 스며드는 느낌으로 설계한 것도 같은 이유다. 만덕이 이렇게 몸과 마음을 의지한 약방을 나서면 자연스레 저잣거리의 와자지껄한 풍경이 선명하게 포착된다. 그리고 저잣거리 한복판으로 마에조노가 탄 군용차가 지나가면서 만덕의 마음을 어지럽힌다.

약재상과 더불어 저잣거리에서 생활의 기운을 풍기는 인물들이 칠구의 가족이다. 칠구의 딸 선이는 마을 어귀의 언덕에서 석과 몰래 만나고, 칠구의 처는 약재상과 술잔을 기울이다 생선을 사 들고 온 만덕과 만난다. 선이 역을 맡은 현승민과 칠구 처 역을 맡은 라미란은 그렇게 각각 한 장면씩 등장한다.

한 포수의 억센 손아귀에 들려오는 호랑이 새끼의 사체.
영 마음이 편치 않은 칠구,
그러나 구경의 서늘한 표정에 아무 말도 붙이지 못한다.
휴… 한숨을 내쉬는 칠구. 그때, 또 싸늘한 바람이 불어오고…

칠구 : (오한이 드는 듯) 마… 싸하네….
(하늘을 보며) 눈이라도 올라카나?
(구경의 눈치를 슬쩍 살피며)
눈 오기 시작하면 다 틀린 일 아이가?

구경 : 그러니 고전에 끝장 봐야지.

칠구 : (하늘을 보며) 오늘내일하는 거 같은데?
(그러다) 그란데… 진짜 나타나겠나?

구경 : (확신에 찬) 다른 놈들이면 몰라도 고놈은… 반드시 나타날 거요.

포수대는 새끼 사체로 덫을 놓고 한밤중까지 사냥막에서 대호가 나타나길 기다린다. 곧 눈이라도 내릴 듯 싸늘한 숲 공기가 긴장감을 자아내는 장면이다. 실제 영하의 기온에서 산속의 기운과 대호가 가까이 다가올 때의 범바람 효과를 위해 강풍기를 틀고 촬영했다. 구경 정만식은 다른 포수대원들하고 다르게 목도리와 귀마개도 없이 더블 코트만 입고서 목덜미를 칼로 베듯이 스치는 강풍을 견뎌야 했다. 다른 포수대원들과 함께 불이라도 쬐면 좋으련만 캐릭터를 위해 "구경은 되도록 혼자 계세요!"라는 박훈정 감독의 지시를 새겨들어야만 했다.

한밤중 구경이 대호의 기적을 느끼고 포수대와 함께 덫을 놓은 곳으로 달려왔다가 허탕을 친다. 이처럼 포수대는 영화 내내 미끄러지기 쉬운 흙과 가짜 눈을 밟으면서 뛰어다니는 장면이 많았다. 시대 고증상 천 신발을 신었기 때문에 더 미끄러웠다. 다행히 의상팀이 미끄럼 방지를 위해 신발 위에 아이젠을 붙이고 그 위에 천을 감았다. 제작팀이 미리 포수대가 가는 길목의 장애물들을

체크하고 표시했다. 포수대가 그 동선을 따라 뛰었기 때문에 한밤중에 산길을 달려도 부상을 입지 않을 수 있었다. 숲길을 밟는 포수대의 발소리, 덫을 피해 새끼 사체를 물고 간 대호의 조용한 발소리는 폴리팀에서 실감 나게 만들어낸 사운드다.

추워 보이는 산속 장면은 실제로 깊은 산에서 스태프와 배우들이 극도의 추위를 견디며 촬영했다. 결국, 한겨울의 촬영 속에 모든 것이 얼어붙기 시작했다. 숙소에서 촬영장으로 향하는 길이 얼어붙어 지게차를 불러 끌어내는 일이 빈번해졌다. 아침 식사를 준비하던 밥차의 재료가 전부 얼어 국밥을 먹은 날도 있었다. 기상청의 예보를 뛰어넘는 폭설 때문에 촬영장에 가던 스태프들과 장비차가 고립되는 일도 있었다. 현장에서는 얼어붙은 장비를 녹이기 위해 각종 보온 장비가 동원됐다. 촬영이 한창 진행되면서 이런 일이 반복되자 아예 장비 보온용 텐트까지 마련하게 됐다.

산속의 밤 장면에서는 특히 조명이 중요하다. 밤의 분위기를 해치지 않으면서도 누가 어떻게 움직이는지는 보여야 하기 때문이다. 이성환 조명감독은 시대적 배경을 감안하여 과도한 조명을 자제했다. 포수대가 사냥막에 머무르는 장면이나 횃불을 들고 한밤중 숲길을 달리는 장면에서는 등잔불, 호롱불, 횃불 등 실제로 존재하는 빛들을 위주로 공간을 밝혔다. 만덕과 석이 사는 산막도 특수한 라이트를 켜는 대신 아궁이에 땐 불기운과 그 불이 인물에게 어른거리는 깜박임을 이용했다.

Sequence 4
석, 총을 들다

포수대를 찾아온 석. 류한테서 소총을 받고 대호 사냥에 합류한다. 칠구는 말리려고 하지만, 구경은 만덕을 끌어들이기 위해 내버려둔다. 그리고 헌병대와 몰이꾼들의 대호 몰이가 시작된다. 칠구는 석을 염려해 포수들 옆에 두는 대신 몰이꾼들과 함께 보낸다. 때마침 산막으로 돌아온 만덕. 석이 보이지 않자 사태를 직감하고 온 산을 헤맨다. 그 시각 숲에서 새끼 호랑이 사체를 놓고 대호를 기다리는 포수대. 그러나 대호는 몰이꾼들과 함께 있던 석의 눈앞에 숨 막히게 하는 위용을 드러낸다. 곧 몰이꾼과 헌병대를 향한 잔혹한 공격이 벌어진다.

칠구 : 니는 저쪽에 몰이꾼들하고 같이 가라. 알겠제?

석 : (실망스러운) 몰이꾼들허구 있음 사냥을 못 하잖어유?

칠구 : 위험하니까 그카지!
(불만스런 석의 표정을 보며)
보통 범이 아니라 여기 산군이거든?
니 잘못되면 내는 너거 아부지한테 모가지라.
말 들어라!

그러고는 가버리는 칠구.
석, 불만스럽지만 어쩔 수 없다.
돌아서려는데…

칠구 : (돌아보며 다짐을 주는) 니 쓸데없이 나서지 말고
누가 때리죽인다케도 무조건 맨 뒤에 서라. 알았제!

석이는 칠구의 말을 따르지 않는다. 아버지 만덕과, 혼인하고 싶은 선이를 생각하며 몰이꾼에 앞장섰다가 대호의 낮고 거친 숨소리를 듣는다. 마침내 대호가 전신을 드러내면서 벌어지는 무차별 공격. 이 액션은 '전투'로 표현한다. 대호가 말 그대로 자신의 영역을 침범하고 자기 가족을 죽인 인간들과 전투를 치르는 셈이다. 몰이꾼과 헌병대, 석이 처참하게 당하는 '1차 전투신'의 콘셉트는 '공포'다.

"산군으로서 위압감을 보여주는 액션신입니다. 인간들이 정말 무서워하고 기겁해야 하는 거죠. 그전까지 말로만 듣고 실체가 보이지 않던 대호가 이런 존재라는 것을 단숨에 드러내는 장면입니다." 박훈정 감독의 설명이다.

1차 전투신 직전 대호에게 신비감을 부여하고 첫 등장의 효과를 높이기 위해서 바위 위로 모습을 드러내는 앞부분은 리듬감을 살려서 편집했던 장면이기도 하다. 이때 바위에서 뛰어내리는 대호는 100% CG 캐릭터다. 인간이 도저히 표현할 수 없는 동작을 표현하기 때문이다. 대호 모션 액터 곽진석은 이 신에서 포수로 출연했다.

최봉록 공동 무술감독이 산에서 헌병대, 몰이꾼, 길라잡이로 출연한 단역들의 디테일한 자세를 잡아주고 대호의 움직임에 대한 반응을 지도했다. 가다가 뒤돌아 대호를 쏘는 사람과 대호에게 맞아 날아가는 사람도 각각 정해서 리액션을 자세히 설계했다. 물론 날아가는 경우에는 스턴트 배우가 와이어를 달고 대역을 소화했다. 대호에게 물리고 뜯겨서 현장 여기저기 널린 일본군을 표현하는 데 특수분장팀이 능력을 발휘했다. 호랑이한테 물린 상처와 이빨 자국, 뿜어나오는 피 등을 생생하게 표현했다.

이 시퀀스에서 허명행 무술감독이 염두에 둔 건 석이와 대호의 관계다. 그래서 석이 다리가 풀려서 바위 옆에 주저앉아있을 때 대호가 스윽 얼굴을 내밀어 석을 돌아보고 지나가는 액션을 디자인했다. 겁에 질린 석의 얼굴과 거대한 대호의 얼굴이 한 프레임 안에 함께 보이기 때문에 더욱 인상적인 장면이다. 이후 대호가 새끼 호랑이 사체를 물고 가는 컷은 블루 인형과 새끼 호랑이 사체 더미를 활용해 CG로 합성했다.

다친 석은 구경에게 외면당한 뒤 늑대들에게 먹잇감으로 끌려간다. 이어지는 늑대골 장면은 겨울 추위로 유명한 강원도 철원의 비둘기낭에서 촬영했다. 현장은 바위로 둘러싸여 있어 낮에도 한기가 가시지 않는데 밤에 촬영했기 때문에 스태프들과 석을 연기한 성유빈이 더 혹독한 추위를 겪어야 했다. 서로 정신을 놓지 않기 위해 계속 말을 걸고 따뜻한 차를 마시면서 촬영을 진행했다. 석의 상처 분장은 한 번 할 때마다 2시간이 걸리는 특수분장이다. 살점이 떨어지고 패인 상처는 인조 피부 패치를 종류별로 수십 가지 만들어 사용했다. 석이 헐떡이며 숨이 붙어있는 순간까지는 더미를 쓰지 않고 성유빈이 직접 연기했다. 그 살벌한 날씨에 맨살이 드러나고 만신창이가 된 석으로 맨바닥에 누워 있었으니 어마어마한 열정을 보여준 셈이다.

이 장면은 모션 액터를 처음 기용해 촬영한 장면이기도 하다. 대호의 실물 크기 인형과 판으로 앵글을 잡고 상상하면서 촬영했다. 이모개 촬영감독은 그 상황을 이렇게 기억한다.

"이 장면을 초반에 찍어서 CG로 등장할 호랑이 액션을 촬영하는 과정에서 혼란이 있었죠. 점점 시간이 지나고 보니까 기준이 생기고 익숙해졌습니다. 각자 달랐던 호랑이를 하나로 생각하게 됐어요."

석 : (피눈물을 흘리는) … 아재….
아재 나… 가슴팍을 채인 것 같은디….
아부지 좀 불러 주소…. 울 아부지 좀….

구경 : 석이 너….

석 : (고통스러운) 아부지…! 아부지…!

구경 : (나직한) 아무 말하지 말어.

석 : 아재….

구경 : 쉬…. 내 퍼뜩 다시 올 거니까
이대로, 이대로 조금만 있어. 알것지?

석 : (힘겨운) 구경 아재….

구경 : (왔던 길 쪽을 보며 마음이 급한)
그래…. 괜찮을 거니 넘 걱정 말라어.
아재 금방이면 돼. 금방 올 거여.

늑대골 장면에서 대호는 뒤늦게 나타나 늑대들을 물리치고 피투성이로 숨을 거둔 석이의 얼굴을 핥아준다. 박훈정 감독은 그 동작이 '죽은 새끼의 사체를 핥아주는 것과 같은 의미'라고 말한다. 대호의 모션 액터 곽진석이 연출팀이 가져온 실리콘 주걱을 손에 쥐고 혀처럼 석이의 볼에 굴려 핥는 동작을 표현했다. 실리콘 주걱은 대호의 혀에 볼이 밀리는 느낌을 살리기 위해 스태프들이 떠올린 아이디어였다. 곽진석은 대호가 물을 마실 때도 혀가 물에 닿는 순간의 잔상을 남기기 위해 실리콘 주걱으로 리드미컬한 '혀 연기'를 펼쳤다.

늑대골은 조명도 다른 장면보다 세심한 주의가 필요했다. 부드러운 조명을 사용해야만 실사 배경에 대호 CG를 입혔을 때 합성한 티가 덜 나기 때문이다. 그 때문에 늑대골에 비치는 빛은 오직 달빛으로 설정하고 투명하고 맑은 광원을 살렸다.

대호는 늑대골에서 구한 석이의 시신을 만덕의 산막에 데려간다. 호랑이가 물어다 준 아들의 시신을 보는 만덕의 얼굴은 꿈을 꾸듯 표정이 없다. 대나무 숲에는 한 줄기 바람이 인다. 신비롭고 아름답고 슬픈 이 장면은 만덕과 대호의 과거를 회상하게 하고, 만덕이 석이를 붙잡고 오열하는 장면으로 이어진다. 대호와 만덕을 상봉으로 이끌게 하는 핵심 장면이기 때문에 장면의 모든 요소에 주의를 기울였다. 앞부분에서도 여러 번 나왔던 만덕의 산막 앞마당이 전혀 다른 공간으로 느껴지게 했다. 김창섭 사운드 슈퍼바이저가 만덕의 산막 옆 대나무 숲 쪽에서 부는 바람의 사운드를 더 저음의 느낌이 나도록 디자인해 공간감에 변화를 줬다.

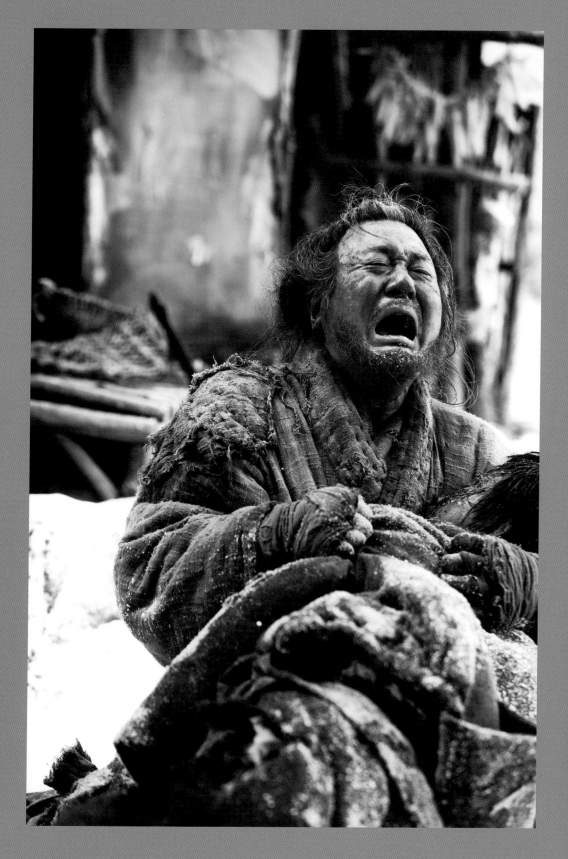

Sequence 5
대호와 만덕, 상봉을 오르다

대호

포수대가 대호 사냥에 실패하자 마에조노가 전면에 나선다. 완전군장 한 철포회수대를 동원해 산을 폭파하고 대호의 영역을 파헤친다. 은신처 동굴에서 죽은 새끼들을 보듬고 있던 대호는 분노하며 달려 나와 군대를 기습한다. 이때를 노려 대호에게 방아쇠를 당긴 구경. 총알은 대호의 애꾸눈에 정통으로 맞는다. 비틀거리는 대호. 그렇지만 대호는 방심한 구경을 공격해 결국 숨지게 한다. 그즈음 석의 시신을 수습한 만덕은 상처투성이가 돼 대나무 숲으로 온 대호와 마주한다. 가쁜 숨을 몰아쉬며 만덕을 바라보다가 돌아서는 대호. 만덕은 알았다고 답한다. 그리고 오래전 놓았던 총을 다시 들고 석의 시신과 산막을 태운 뒤 상봉으로 향한다.

마에조노의 지시에 따라 철포회수대가 지리산을 폭파한다. 이모개 촬영감독은 "폭파 장면에서 보는 사람들이 공분을 느끼게 하고 싶었다"라고 말한다. 일본군이 조선의 산을, 그것도 지리산을 함부로 유린하는 장면이기 때문이다. 실제로 폭파가 가능한 민둥산을 찾아내 직접 나무를 심어 폭파하면서 드론을 포함한 카메라 5대로 촬영했다. 크레인도 동원됐다. 여건상 단 한 번에 찍어야 해서 치밀한 사전 시뮬레이션을 거쳤다. 폭파신에서 햇빛을 통제하는 것이 조명팀의 큰 숙제였다. 촬영한 뒤에도 장면에 많은 요소를 가미했다. 폭발음은 실제 포탄 사격장에서 따로 녹음해둔 사운드를 사용했다. 폭발하는 과정도 여러 컷을 섞어서 임팩트를 주고 산 정상부터 아래까지 골고루 터지는 느낌이 들도록 와이드 숏을 넣었다.

구경 : 이제 겨울이오.
눈이 본격적으로 퍼붓기 전에 놈을 잡으려면 뭐든 해야지 않겠소?!

마에조노 : 하긴… 이곳 지리산에 숨어든 무장 조선인들을 토벌해 왔던
철포회수대라면 도움이 될 수도 있겠지.

류 : 가, 각하! 하지만…

가만있으라는 손짓으로 류를 제지하는 마에조노.

마에조노 : (미소를 짓는) 어찌 보면 그 애꾸범이란 놈…
애당초 여기 포수대 따위가 상대할 녀석이 아니었을지도 몰라.
녀석은 조선 호랑이의 왕….
그렇다면 놈에게는 그에 걸맞은 대접을 해줘야겠지.

대호

이후 연기와 굉음으로 가득한 숲에서 분노한 대호와 철포회수대의 '2차 전투'가 벌어진다. 박훈정 감독은 2차 전투의 콘셉트를 '처절함'이라고 표현한다. 대호가 '죽을 것을 각오하고 나간 전투'다.

"사실은 하지 않아도 되는 싸움이죠. 이미 새끼의 사체는 데리고 왔으니까. 그런데 산은 자기 영토잖아요. 감히 인간들이 자연을 파괴하며 자신의 영역으로 밀고 들어오는 걸 용납할 수 없는 거죠. 조선의 왕조는 그걸 못했잖아요. 자기 백성과 조선을 지키려고 한 게 아무것도 없죠. 근데 대호는 자기 영토와 자신이 거느린 생명을 지켜야 하기에 죽을 줄 알면서도 전투에 나서는 겁니다. 그 전투가 슬펐으면 했어요. 철포회수대를 물어뜯지만, 대호 자신도 총에 맞죠. 처절하고 안타까운 전투라서 피를 흘릴 수밖에 없다고 생각했어요."

이 과정에서 대호에게 철저히 응징당하는 철포회수대를 표현하기 위해 더미가 사용됐다. 대호가 물고 나무 위로 올라간 뒤 따로 떨어지는 일본군의 상반신과 하반신, 뜯겨나간 팔, 갈비뼈가 파헤쳐진 상체는 실물 크기의 인간 더미를 부분적으로 활용한 것이다. 다만 대호에게 응징당하는 철포회수대는 작위적으로 악하게만 그리려 하지는 않았다. 지나친 애국주의로 흐르는 대신 같은 시대를 살았던 탐욕스러운 욕망의 집단으로 이해되기를 바랐다.

2차 전투신의 막바지에는 구경이 대호의 공격으로 결국 세상을 뜬다. 채여서 뒤로 날아가는 연기는 정만식이 와이어를 달고 직접 했다. 이후 대호에게 재차 물어 뜯겨서 이리저리 흔들리다가 나무에 던져지는 연기는 무술팀의 몫이었다. 칠구에게 "나, 여기 두고 가쇼"라는 말을 남긴 구경. 구경의 최후는 "깨끗하고 맑게 떠나고 싶다"라는 정만식의 요청으로 세 테이크만에 OK 됐다. 정만식은 "산이 줄 거로 생각했는데 얻지 못했고, 되려 산군에게 혼이 났다. 사나이답게 접어야 한다는 마음으로 연기했다"라고 회상한다. 그 건조한 죽음에 칠구의 울음이 물기를 더했다. 김상호는 칠구의 울음을 이렇게 이해했다.

"서러운 울음이죠. 같은 동료로서 서러움. 구경을 따라다니면서 사냥한 세월이 서러워서요. 구경을 뒤에서 지켜보던 조마조마함, 앞만 보고 폭주하는 구경에 대한 걱정스러움, 그 결과가 죽음이라니 서러운 거죠. 카메라 세팅을 바꿔서 몇 번을 더 울었지만 계속 잘 울었어요. 너무 서러워서 그랬나."

대나무 숲은 만덕의 공간과 대호의 공간을 연결해주는 일종의 '중간계'다. 영화 〈군도 : 민란의 시대〉의 촬영지였던 부산 아홉산의 실제 대나무 숲에서 촬영했다. 대나무가 사방을 가로막아서 조명을 설치하는 일이 어려웠지만, 촬영장 한쪽을 큰 천으로 막고 그 위에 조명을 반사해 환상적인 분위기를 연출했다. 최민식이 "여태까지 한국 영화에서 찾아보기 힘든 장면, 정서적 이미지가 강한 장면"이라 말하며 젊은 세대의 관객들이 어떻게 받아들일지 궁금해했던 장면이기도 하다. 대나무 숲에서 나눈 대화는 결국 영화의 중요한 이미지로 남을 또 하나의 장면으로 이어진다. 만덕이 상봉을 향해 맨손으로 눈 덮인 산을 오르는 장면이다. 충북 제천의 어느 휴게소 옆에 있는 작은 바위산 '금월봉'을 헌팅해 촬영했다. 바로 앞에 도로가 있어서 촬영 장비와 배우들이 접근하기 쉬운 장소였다. 미술팀이 그 위에 눈을 뿌리고 조경을 했다. 상봉으로 올라가는 만덕, 포수대, 일본군의 모습은 모두 금월봉에서 촬영해 배경을 합성한 것이다. 와이어를 달고 상봉으로 힘겹게 오르는 과정을 찍은 최민식은 그때의 만덕을 "이 세상에 나면서 짊어진 업이나 지켜내야 할 순수, 그런 것들을 다 그 망태기에 싣고 올라가는 순교자의 느낌"으로 해석했다. 만덕의 장면 중에서도 정서적으로 또 육체적으로 유독 기억에 남았던 순간 중 하나다.

크르르… 낮은 소리로 울음을 삼키는 대호.

만덕 : 많이 상했고마….

대호 : ….

만덕 : 또… 가족을 다 잃었담서?

대호 : ….

만덕 : 날… 원망하는가?

고통에 찬 낮은 신음을 내며 몸을 일으키는 대호. 그의 하나밖에 없는 눈이 만덕을 빤히 쳐다본다. 그러다 가만히 뒤돌아서는 대호. 천천히 걸음을 옮기다 다시 만덕을 돌아본다. 우두커니 서서 그런 대호를 보고 있는 만덕.

만덕 : (천천히 고개를 끄덕이는) 그려…. 알았네….

마침내 만덕과 대호가 만난 상봉 장면은 100% 세트 촬영으로 만들어졌다. 애초에 시나리오의 시간적 배경은 깜깜한 밤. 눈보라까지 몰아치는 가운데 만덕과 대호가 상봉 아래로 떨어지는 설정이었다. 실제로 산에서 찍기에는 어려운 시간대였기 때문에 결국 평지에 가로세로 30m 크기의 상봉 윗부분 세트를 만들고 시간대도 변경했다. 해가 졌지만 어두워지기 직전, 아직 먼 산의 윤곽은 보일 정도로 빛이 남아있는 '매직 아워'의 시간으로. 상봉 장면의 극적인 정서를 끌어올리기 위한 선택이었다. 빛이 느껴지거나 만덕에게 그림자가 생기는 것을 피하려고 공을 들여 조명을 설계했다.

이 장면에서 최민식이 예정에 없던 연기를 했다. '보이지 않는 대호'를 향해 절을 했기 때문이다. 현장을 압도했던 이 연기는 꼭 살려달라는 한재덕 대표의 부탁이 더해져서 최종 편집본에 남아있다. 그리고 엔딩은 하얀 눈 바닥 위에 나란히 누운 대호와 만덕의 모습이 장식한다. 부드러운 조명을 더해 평온하고 안온한 느낌을 준다. 박훈정 감독이 그 장면을 '그때까지 가족을 다 잃고 고통스러웠을 대호와 만덕이 가장 행복한 순간'으로 믿었기 때문이다.

서로를 향한 눈길을 거두지 않고 있는 만덕과 대호.

턱… 턱…

골라낸 바닥에 두 다리를 받치고 선 대호.
이제 달려나가기만 하면 된다.
역시 천천히 총을 들어 겨누는 만덕.

만덕 : 그럼… 이제 그만… 가까나?

순간, 온 산을 올리는 거친 포효와 함께 만덕을 향해 튀어 나가기 시작하는 대호.
만덕, 무섭게 달려드는 대호의 목 언저리를 겨눈다. 순식간에 만덕을 덮치는 대호.
순간 대호의 사나운 포효와 함께 귀를 찢는 날카로운 총소리가 들려온다.

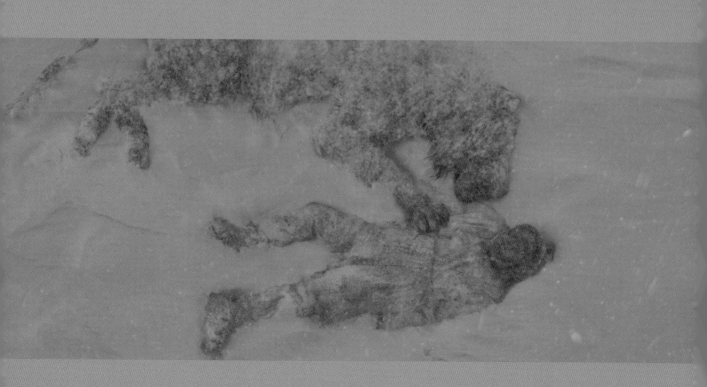

크랭크 업

크랭크 업

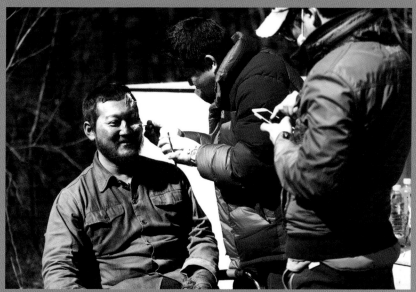

〈대호〉를 말하다

박민정 프로듀서

CG 비중이 큰 제작과정의 특이성 때문에 다른 어떤 영화보다 〈대호〉의 예산을 짤 때 힘들었을 것 같다. 예산 책정 과정을 어떻게 거쳤는지 궁금하다.

호랑이는 어차피 CG 과정을 거쳐야 한다는 전제가 있었다. 오히려 어디까지 실사 촬영을 하고 또 현장에서 효율적으로 대비하려면 어디까지 준비해야 하는지 미리 파악해야 한다는 게 오히려 더 막막했다. 어느 영화든 촬영장에서 생기는 변수는 늘 있게 마련인데, 예상할 수 있는 그 정도의 폭이 너무 크다는 것이 문제였다. 왜냐하면 〈대호〉는 날씨가 프로덕션 진행에 미치는 영향이 너무도 컸기 때문이다.

가장 기억에 남는 〈대호〉의 촬영은 언제였나? 가장 보람을 느낀 장면은?

대호 사냥이 한바탕 끝나고 시체들이 널브러져 있는 숲에 구경과 칠구가 대호를 찾으러 뒤늦게 도착하는 장면이다. 안개는 설정에 없었는데 아침에 현장에 도착하니 당장 앞에 있는 사람도 안 보일 정도로 안개가 껴 있었다. 숲의 안개는 빨리 사라지지도 않는다. 감독님과 헤드 스태프들이 모여 그날 촬영할 장면을 이 장면으로 바꿨다.

〈대호〉는 영화 프로듀서의 입장에서 어떤 의미로 남을까?

〈대호〉는 다시는 하고 싶지 않은, 다시는 할 기회도 없는, 그러나 하지 않았으면 땅을 치고 후회했을 영화다. '감독님은 가지고 계신 수많은 시나리오 중에서 왜 하필 이걸 찍으시려고 하지?'라며 원망도 많이 했다.

준비하는 작업부터 촬영, 후반 작업까지 〈대호〉를 만들면서 한국에

이런 영화를 만들어낼 만한 데이터가 생각보다 많지 않다는 사실에 놀랐다. 또 한편으로는 서글펐다. 나중에는 악까지 생겼다. 나도, 감독님도, 스태프들도 모두 다 처음 해보는 과정들이 많았고 그래서 재밌기도 했다. 어떤 영화는 이렇게 찍었고, 또 어떤 영화는 이렇게 찍었다더라. 우리가 찍는 방식이 맞을까? 혹시나 놓치고 가는 게 없는지 불안하기도 했다.

어느 날, 촬영하다가 발목 넘게 쌓여 있는 눈밭에 나 있는 길이 눈에 들어왔다. 폭이 20cm도 안 되는 좁은 길이었다. 쌓인 눈을 최대한 보존해야 했기 때문에 스태프들이 깊숙한 현장 안까지 들어올 때도 한 길로만 다니도록 해서 만들어진 길이었다. 처음에는 다른 곳과 마찬가지로 눈으로 덮여 길이 아니었을 그곳에 스태프들이 앞사람의 발자국을 따라 걸으며 길을 만들었을 테지. 그렇게 우리만의 길이 만들어질 테고 말이다. 영화 〈대호〉가 꼭 그렇다는 생각이 들었다. 남이 만들어놓은 길이 아니어서 더 고생스러웠다. 그러나 촬영 현장으로 가기 위해 눈에 가려져 험한 돌부리가 박혀 있을지도 모르는 곳을 오가다 보니 우리만의 길이 만들어진 것이다.

스태프 중에 영화를 처음 하는 스태프들도 있었을 것이다. 어린 스태프들도 많았다. 내가 생각한 촬영 수칙은 단 하나, 모든 사람이 사고 당하지 않고, 중간에 힘들어서 그만두지 않고, 처음부터 끝까지 함께 하는 것이었다. 〈대호〉는 영화에 대한 도전이기도 했지만, 스태프 모두 자기 자신을 넘는 도전이기도 했다. 촬영하는 내내 '우리가 해냈어!'라고 외치고 싶었고, 마지막 촬영 때 실제로 누군가 그런 말을 했다. 사람들 모두 박수를 쳤다. 나를 위한 박수였고, 우리 모두를 위한 박수였다.

Visual effect

대호,
생명을 얻다

'4th Creative Party'를 만나다
CG업체 선정 과정

호랑이를 만들려는 CG팀은 많았다. 그렇지만 필요한 건 호랑이를 이해하는 CG팀이었다. 여러 후보를 검토하는 과정에서 세 업체가 최종 후보에 올랐다. 그중 한 팀을 선정하기 위해서 두 달 동안 팀별로 세 차례의 프레젠테이션을 하는 비딩(Bidding) 과정을 거쳤다.

〈대호〉 제작진은 각 팀을 처음 만날 때마다 늘 똑같은 질문을 했다.

"호랑이를 만들어본 경험이 있습니까?"

답은 다 달랐다. 호랑이를 만들어본 팀도 있었고, 현재 작업을 하고 있는 팀도 있었다. 동물 CG 경험은 있지만, 호랑이를 만들어보지 않은 팀도 있었다.

'4th Creative Party(4th)'는 호랑이를 만들어보지 않은 팀이었다. 심지어 프레젠테이션조차 유일하게 호랑이 비주얼이 없는 상태에서 진행했다. 그럼 어떻게 〈대호〉 식구들을 설득했을까? 4th가 내민 것은 영화의 두 주인공 호랑이와 최민식의 얼굴을 반씩 섞은 '대호 콘셉트 이미지'였다. 시나리오의 장면 설정과 컷을 분석해서 그들이 생각한 호랑이의 캐릭터와 액션의 콘셉트도 역으로 제안했다.

〈대호〉 제작진은 PT를 거듭하는 와중에 "호랑이를 만들어 봤느냐 아니냐의 경험보다도 〈대호〉를 어떻게 해석하느냐가 중요하다"라는 사실을 깨달아가고 있었다. 제작진 중에도 호랑이 영화를 찍어본 사람은 아무도 없었기 때문이다. 우리만의 방식을 찾아야 한다는 생각도 확고해진 상황에서, 4th가 내놓은 역제안은 박훈정 감독이 생각하는 대호 캐릭터의 연출 의도와 꼭 들어맞았다. 전체 예산에서 3분의 1 정도의 비중을 차지하는 CG 예산을 생각할 때 긍정적인 조율도 가능했다. 그렇게 호랑이를 이해하는 회사 4th가 조선의 마지막 호랑이 대호를 스크린에 되살리는 임무를 맡았다. 영화 엔딩 크레딧에 이름을 올린

CG 테크니션은 300여 명이다. 4th 직원들은 매니지먼트를 포함해 170명이다.
실질적으로 4th의 테크니션 150명이 〈대호〉에 각자의 1년을 송두리째 바쳤다.

대호
크리처 디자인
조용석 VFX 슈퍼바이저

"진심으로 호랑이 한 마리를 해부해보고 싶었습니다."

4th 조용석 VFX 슈퍼바이저의 심정이 딱 그랬다. 대호 크리처 디자인을 위해 완벽한 호랑이 전신 데이터를 확보하고 싶었기 때문이다. 부위별 가죽의 움직임, 부위별 털의 느낌이 각각 어느 정도 다른지 눈으로 직접 확인하고 싶었다.

"그만큼 호랑이 한 마리에 대한 완벽한 데이터가 확보되기 어려웠어요. 호랑이의 타격에 대한 레퍼런스도 없었죠. 유튜브에서 코끼리 관광 도중 호랑이가 나타나 코끼리 조련사의 손을 치는 동영상 하나만 겨우 발견했으니까요."

실제로 호랑이를 해부할 순 없는 노릇. 조용석 슈퍼바이저는 대호 크리처 디자인을 위해서 호랑이 해부학을 공부했다. 그리고 앞서 언급했듯 부산의 동물원 '삼정 더 파크'에서 찾은 시베리아 호랑이 '풍이'를 대호, 대호 짝, 대호 어미의 타깃으로 삼아서 크리처 디자인을 시작했다. 크리처 디자인은 일단 컴퓨터상에서 타깃과 똑같은 프로토타입의 호랑이를 만들고 그걸 변형해서 뼈를 심고 근육을 붙이고 표정까지 표현하는 모든 단계를 포함한다.

---

1. 모델링

크리처 디자인의 첫 단추는 '모델링'이다. 조용석 슈퍼바이저는 해부학 서적의 호랑이 골격 내용을 바탕으로 대호를 모델링했다. 외형적으로 호랑이의 모든 것을 만드는 작업이다. 몸, 입속 혀, 이빨, 눈알, 심지어 성기와 항문까지. 물론 영화 속 대호는 해부학적 지식으로는 말이 되지 않은 뼈대를 지녔다.

"호랑이는 머리가 크고 상대적으로 몸은 작아요. 그래서 호랑이를 위에서 찍으면 머리만 크고 몸은 일자가 되거든요. 그걸 과장해서 좀 더 육중하게 만

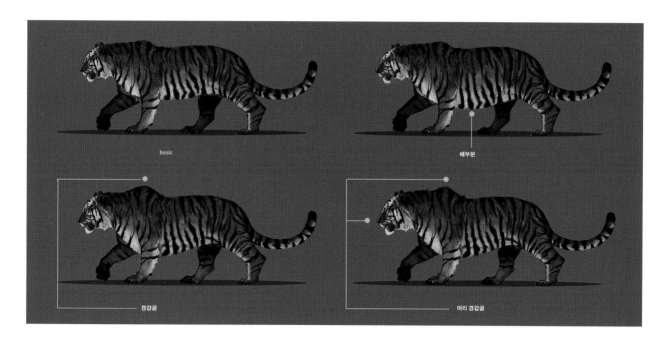

basic

배부분

경갑골

머리 경갑골

들었죠."

    즉, 영화적 특성을 살린 모델링이라는 얘기다. 박훈정 감독이 늘 강조하듯 '대호는 말 그대로 대호'여야 하니까. 모델링한 대호의 얼굴에는 호랑이를 닮았다는 최민식의 얼굴상을 반영하고 싶었다. 하지만 인간의 얼굴 데이터와 호랑이 얼굴 데이터는 많이 달라서 아쉽게도 실현하진 못했다. 모델링은 형태가 바뀌면 처음부터 다시 시작해야 하기 때문에 충분히 고민하고 확정해야 했다. 모델링한 호랑이 머리를 조금만 더 키우자는 의견이 나오면 결국 모델링을 처음부터 다시 하는 셈이 되기 때문이다.

2. 텍스처

    모델링이 끝나면 호랑이의 피부질감, 가죽의 무늬 패턴 등을 표현해내는 '텍스처' 작업을 한다. 문제는 호랑이의 가죽에 털이 있다는 것이다. 털은 텍스처가 아닌 별도의 프로그램으로 작업해야 하기 때문에 일단 털을 심을 자리를 만드는 베이스 패턴만 텍스처 작업을 하게 된다. 얼굴이나 몸에 특정 무늬 혹은 상처를 만들고 그 상처가 총에 스친 건지, 뭔가에 긁힌 건지, 결투 때문에 생긴 건지 표현해주는 작업이 텍스처 작업이다. 호랑이가 사람을 물었다 놓았을 때 입에 혈액이 묻은 패턴을 만들어주는 것도 이 작업에 속한다.

3. 리깅

　텍스처 다음은 '리깅' 단계다. 리깅은 고양이과 동물의 해부도를 자료 삼아 근육의 위치를 만들어주는 작업이다. 사람 팔만 봐도 어느 부위에 어느 근육이 있는지 알 수 있듯이 호랑이 근육도 그렇게 세세하게 세팅을 하는 것이다. 호랑이가 걸을 때 어느 근육이 움직이고 달리거나 점프할 때는 어느 근육을 사용하는지 실제 호랑이의 움직임과 유사하게 나올 때까지 컴퓨터 상에서 계속 만지는 것이다. 즉, 호랑이의 모든 움직임은 '리깅' 과정에서 완성된다. 리깅 작업을 하는 팀을 '크리처 팀'이라고 부르기도 한다. 호랑이 털도 몸에 나 있는 털과 콧수염은 각각 다르게 작업하는데 이것 역시 '크리처 팀'에서 담당한다.

4. 카메라 트래킹

　모델링, 텍스처, 리깅을 거치면 '카메라 트래킹'을 해야 한다. 촬영 현장에서의 카메라 워킹과 모델링한 호랑이를 매칭시키는 작업이다. 컴퓨터상에서 호랑이를 움직였을 때 그 모습이 카메라 뷰파인더 안에서는 어떻게 보일지 알 수 있게 해주는 것이다. 난이도가 있는 작업이다. 4th는 '카메라 트래킹'을 위해서 해외 모델링 전문 슈퍼바이저와 테크니컬 디렉터를 초빙했다.

5. 애니메이션

　'카메라 트래킹' 이후엔 '애니메이션'으로 호랑이의 각종 포즈와 동작, 얼굴의 표정을 만든다. 4th는 대호가 취해야 할 포즈, 점핑, 러닝, 걷기, 빠르게 걷기 등의 기본이 되는 동작들을 총망라한 라이브러리를 만들어 애니메이션 작업에 활용했다.

　이중 호랑이의 얼굴 움직임만 따로 떼어 내어 '페이셜(Facial) 애니메이션'이라는 작업을 거친다. 대호가 진짜 화난 표정일 때, 포효할 때, 물끄러미 바라볼 때, 무표정하게 서 있을 때 등등 얼굴의 표정을 여러 움직임으로 만들어낸다. 페이셜 애니메이션은 대호의 감정에 따라 달라지기 때문에 시나리오에 대한 충분한 해석이 뒷받침돼야 한다. 대호의 '페이셜 애니메이션'은 소스 촬영을 해온 호랑이 표정과 각종 레퍼런스 자료를 충분히 활용해서 만들었다.

6. 근육 시뮬레이션

애니메이션 작업까지 끝난 대호 데이터는 크리처 팀으로 다시 넘어와서 '근육 시뮬레이션'을 하게 된다. 걸을 때 떨리는 근육의 양과 달릴 때 떨리는 근육의 양이 다른데 이걸 각각 제어해서 실제처럼 중량감 있고 출렁이는 근육을 만들어주는 것이다. 이 단계는 애니메이션을 통해 대호의 얼굴 표정과 몸동작이 만들어진 후에 비로소 작업할 수 있다. 근육은 시뮬레이션을 통해 만든다.

그중 '스킨 슬라이딩'이라는 과정이 포함된다. 호랑이가 앞다리를 움직일 때마다 다리의 스킨(가죽)이 근육과 함께 이쪽저쪽으로 쏠릴 때가 있다. 그 스킨(가죽)의 움직임을 표현하는 '스킨 슬라이딩'을 거치면 호랑이의 근육 움직임이 더 사실적으로 보일 수 있다.

7. 퍼 시뮬레이션

근육 다음에는 털이다. 털의 종류, 길이에 따라 '퍼 시뮬레이션'을 해서 수염과 몸에 난 털을 일일이 다 제어한다. 바람이 불면 콧수염과 목털까지 떨리도록 말이다. 바람의 양, 눈이 날리는 양과 맞춰서 털이 많은 곳은 많이 움직이고 그중에서도 긴 털이 더 많이 움직이게 해야 하는데, 이런 부분은 작업자의 상상력이 필요하다. 이렇게 시뮬레이션을 마친 후 렌더링을 해서 털의 움직임이 이상하지 않은지도 필히 확인해야 한다. 만약 털이 일정 부분 움푹 꺼져 보인다거나 제대로 바람에 날리지 않는 부분이 있으면 '퍼 시뮬레이션'을 처음부터 다시 한다.

8. 룩 디벨롭먼트 / 9. 라이팅 렌더링

털까지 별 탈 없이 잘 움직인다면 이젠 대호에게 라이팅을 주어 더 보기 좋게 다듬는 과정을 거친다. '룩 디벨롭먼트'와 '라이팅 렌더링'이다. 배경과 합성하기 전에 호랑이 자체의 퀄리티를 높이는 과정, 그러니까 실질적인 대호의 완성도를 확인하는 단계라고 할까. 지금까지의 거쳐온 작업의 총체적인 결과를 확인해서 혹시 에러가 발생하는 부분이 없는지 체크하는 것이다. 만약 문제가 발생하면 각각 해당 작업의 단계로 돌려보내서 수정을 한다.

10. FX(Effect)

만약 여기까지도 무사히 통과한다면 마지막으로 'FX(Effect)' 작업이 남아있다. 호랑이에게서 입김이 나온다거나 피가 뚝뚝 떨어지는 등의 각종 인터렉션 반응들을 만들어주는 것이다. 영화 전반을 위한 특수효과팀이 있다면 'FX'는 CG 팀 내부의 특수효과팀이라고 생각하면 된다. 연기, 물, 불, 바람, 눈까지 천재지변이나 기상현상 위주로 작업하게 되는데, 대호를 위해서는 주로 눈 작업이 많았다. 대호 발에 채이는 눈, 발을 딛을 때의 눈, 눈에 남은 발자국, 그 발자국 위에 쌓이는 눈, 내리는 눈 등등. 만덕이 석이의 시신과 함께 산막을 불태우는 장면에서처럼 연기를 더 만들어주는 작업도 이 부분에 해당한다. 이런 효과까지 다 작업을 해야만 합성 단계로 넘어갈 수 있다.

11. 컴포지팅

최종적으로 모든 데이터를 취합해 렌더링하는 단계가 '컴포지팅'이다. 지금까지 부분적으로 작업한 모든 것을 통째로 합성하는 것이다. 이래야 일련의 과정이 한 번 끝난다. CG 대호의 한 컷이 이렇게 만들어지는 것이다. 조용석 슈퍼바이저는 "대호 CG 컷 하나에 이 11단계의 공정을 8번씩 재점검했다. 심지어 100번을 점검한 컷도 있다"고 말했다. 아무리 상상해도 쉽게 상상이 되지 않을 만큼 어마어마한 작업 과정이다.

프리비주얼

4th는 2014년 여름부터 시나리오의 신(Scene) 별로 프리비주얼을 만들었다. 전체 콘티를 바탕으로 영상을 만들어서 허명행 무술감독에게 전달하면 허명행 무술감독이 액션 콘티를 별도로 편집해서 보내온다. 4th는 그 액션 콘티의 아이디어를 받아서 호랑이에게 적용한다. 이렇게 무술팀과 아이디어를 주고받는 과정을 반복하면서 하나의 신을 프리비주얼로 완성하게 된다.

프리비주얼은 애초에 네 부분으로 분리했다. 먼저, 대호가 혼자 있을 때와 사람과 같이 있을 때를 구분한다. 그리고 사람과 같이 있을 때는 사람이 실제냐, CG냐로 나눈다. 대호가 혼자 있을 때는 주변 환경이 실사냐, CG냐로 구분한 것이다. 프리 프로덕션 초기에는 네 버전의 프리비주얼을 각각 만들 계획이었지만 아쉽게도 실제로 그렇게 진행하지 못했다.

프리비주얼은 중요한 사전 약속이다. 미리 미리 약속을 하면 촬영 현장에서 헷갈릴 일이 없다. 그렇지만 아무리 프리비주얼을 열심히 만들었다고 해도 현장 상황이 달라지면 소용없는 일이다. 그 때문에 프리비주얼에 맞춰 헌팅하기도 하고 헌팅에 맞춰 프리비주얼 작업을 하기도 하는데, 〈대호〉는 두 경우가 섞여 있다.

대호가 등장하는 컷은 프리비주얼을 통해 약속하고 현장에서 여러 번의 촬영 과정을 거쳤다. 먼저 대호 모션 액터 곽진석이 연기하는 모습을 찍는다. 그리고 같은 장소에서 빈 화면을 찍은 뒤 퍼볼과 크럼볼, 대호 실물 크기 판을 들고 차례로 계속 같은 컷을 찍는다. 왜 이래야 할까? 대호 모션 액터의 연기를 찍은 화면은 CG팀이 대호의 움직임을 만들 수 있는 '애니메이션 가이드'가 된

프리비주얼 콘티

프리비주얼 연속 화면

다. 이것을 바탕으로 실제 작업에서 CG로 대호의 움직임을 만든 뒤 찍어온 빈 화면에 대호를 심는 것이다.

퍼볼을 놓고 촬영하는 것도 이유가 있다. 해당 컷에서 호랑이 털에 빛이 어떻게 닿는지, 털이 어떤 색으로 보이는지 체크하기 위해서다. 퍼볼이 호랑이의 축소판인 셈이다. 크롬볼 촬영도 마찬가지다. 크롬볼의 곡면을 따라 반사되는 피사체들을 보고 현장에서 빛이 어떤 방향으로 비치는지 확인할 수 있다. 마지막으로 대호 전신 판을 놓고 같은 컷을 찍는 이유는 대호가 화면에 들어가 있을 때 스케일이 어느 정도인지를 확인하기 위해서다. 이 과정들이 모두 CG팀에 중요한 가이드가 되는 필수 작업이다.

어떤 컷을 빈 화면만 찍어서 CG로 만든 대호를 심을지, 모션 액터가 연기하게 해서 CG 대호로 덮을지 결정하는 기준도 필요했다. 그 기준은 '리액션'이다. 대호의 리액션이 있는 컷은 모션 액터의 연기를 바탕으로 만들고, 리액션이 없는 컷은 빈 화면만 찍으면 됐다. 대호 CG 캐릭터가 리액션을 스스로 만들어내지 못하기 때문이다.

모션 액터가 연기할 수 없는 대호의 역동적인 장면은 당연히 프리비주얼을 바탕으로 온전히 CG 작업을 했다. 하지만 모션 액터의 감정이 담긴 연기와 CG로만 작업한 동작을 연결하는 경우도 있었다. 분노한 대호가 먼 거리에서 엄청난 스피드로 달려와 일본군을 강타하고 금세 다른 일본군을 물어버리는 장면이 그런 예다. 모션 액터가 멀리서부터 달려와서 무는 연기를 한 호흡으로 계속 반복하면 지쳐서 다른 컷의 연기를 할 수 없다. 그래서 CG를 염두에 두고 대호가 달려와서 착지하는 자리에서 연기를 시작하게 했다.

6개월의 촬영 동안 4th의 조용석 슈퍼바이저와 팀원 한 명이 현장에 상주했다. 그리고 배우들의 연기와 촬영 상황을 보며 CG 호랑이의 속도와 움직임을 어떻게 실감이 나게 표현할지 계속 고민했다. 현장 상황의 모든 것을 공유하기 위해 사진도 많이 찍었다. 각 장면에서 메인 캐릭터가 서 있는 위치를 기준으로 사방을 찍고, 카메라가 자리 잡은 위치를 기준으로 또 사방을 찍는 것이다. 이 사진을 포토 모델링 과정을 거쳐 데이터로 만들어 4th 내부에서 작업하는 CG팀원들과 현장 상황을 공유할 수 있었다. 사실 포토 모델링을 간단하게 해주는 '광대역

스캐너'가 존재하지만, 〈암살〉 CG팀이 먼저 빌려 가는 바람에 이런 수고를 해야
했다.

　프리비주얼 작업이 끝난 건 2014년 2월이지만, 촬영 중간에도 계속 다듬는
과정을 거쳐 2015년 2월까지 수정을 거듭했다. 대호 CG 캐릭터 제작은 2014년
7월부터 2015년 7월까지 1년 동안 작업하는 스케줄이었다. 여기에 촬영 현장에
서 찍어온 화면에 대호 CG 캐릭터를 합성하고 각종 효과를 입히는 후반 작업
은 실질적으로 2015년 8월부터 11월까지 4개월 동안 진행됐다. 편집된 컷들이
DI를 거쳐 CG팀으로 넘어온 뒤 누가 어떤 컷을 작업할지 배정하고 나눠주는 데
만도 2주나 걸렸다. 그럼에도 불구하고 불과 4개월 만에 대호가 다양한 액션 연
기와 감정 연기를 보여줬으니, 거의 기적에 가까운 결과다.

CG 키포인트

Key Point 1 대호의 핥기

대호가 죽은 석이의 피 묻은 얼굴을 핥는 장면은 박훈정 감독이 중요하게 생각했던 장면이다. 대호에게 핥는다는 행위는 씻긴다는 행위와 같다. 대호가 죽은 새끼를 핥는 것도, 만덕이 석이의 시신을 깨끗이 수습하는 것도 같은 의미라고 생각할 수 있다.

현장에서 곽진석 모션 액터가 실리콘 주걱으로 석이의 얼굴을 핥는 장면을 연기할 때 조용석 슈퍼바이저가 안타까움의 감정이 느껴지도록 느리게 움직여 달라고 주문했다. 혀의 움직임에 의해 석의 볼살이 밀려야 할 뿐만 아니라 피가 닦여나가야 하기 때문에 실리콘 주걱에 거즈를 붙이는 아이디어도 냈다. 덕분에 대호의 혀로 피가 닦여나가는 효과를 확실히 얻을 수 있었다.

조용석 슈퍼바이저는 "이런 아이디어가 맞아들어갈 때 희열을 느낀다"며 웃었다. 핥는 속도는 실제 작업 당시엔 너무 느리게 느껴져서 컴퓨터상에서 2배속으로 빠르게 돌린 후 완성했다. 대호가 상대를 타격해서 아픔과 고통을 느끼게 하는 강한 동작도 중요하지만 이처럼 혀로 핥거나 새끼를 발로 만져보는 등의 부드러운 동작을 만들어 정서를 담는 것이 키포인트였다. 조용석 슈퍼바이저는 "최민식 선배님이 '대호 씨 연기가 정말 좋다'고 하신 것도 그런 정서적 측면을 봐주신 게 아닐까 싶다"는 소감을 밝혔다.

Key Point 2 2차 전투신

철포회수대와의 2차 전투신은 대호의 액션 장면 중 가장 힘을 준 장면이다. 박훈정 감독은 이 장면에 대해 '일본군 자체가 타깃이라기보다는 자연을 침범한 인간 자체에 대한 화가 머리끝까지 나서 그 화를 되돌려주다시피 하는 감정 상태'라고 설명했다. 조용석 슈퍼바이저는 그 설명을 모티프로 때리고 물고 흔들고 할퀴고 발톱으로 내려치는 등 대호의 액션이 총집합된 전투신을 만들었다. 숲이 폭파된 후 자욱한 연기로 뒤덮인 상태에서 대호의 신출귀몰함을 표현하려고도 애썼다. 민첩하면서도 400kg이라는 육중한 무게감을 남기는 동작들을 적재적소에 살려내는 게 관건이었다. 애니메이션 작업으로 슬로우, 퀵의 리듬감을 살렸다. 호랑이가 하는 동작은 아니지만 점프해서 내려치는 동작도 집어넣어 그 효과를 더했다. 전투신의 후반부, 대호가 구경에게 갑자기 달려들어 그를 가격하고 날려버리는 장면은 지금껏 쌓아왔던 울분을 한꺼번에 돌려주는 느낌이 가장 집약된 순간이라고 할 수 있다.

Key Point 3 전신 드러내기

1차 전투신에서야 비로소 대호가 전신을 드러낸다. 그전까지는 풀숲 사이를 빠르게 돌아다니거나 신체의 일부분만 보이는 정도이기에 이 장면의 충격이 더 크다. 온몸으로 석이와 대면하는 장면일 뿐만 아니라 관객에게도 대호를 완전히 평가받는 장면이어서 신중하게 작업할 수밖에 없었다. 2차 전투신의 고강도 액션과 달리 대호의 민첩함에 더 큰 비중을 뒀다.

Key Point 4 지켜보기

　자신을 은폐한 채 상대를 응시하는 대호의 모습도 캐릭터 구현에 있어서 정서적인 포인트로 삼았다. 짝과 새끼들이 포수대에게 사냥 당할 때 수풀 사이로 쫓아가며 그들의 행방을 지켜보는 대호의 얼굴은 일부분이 보이지만 분노와 초조함의 감정이 느껴진다. 구경이 포수대원들을 시켜 죽은 새끼의 사체로 몰래 덫을 놓는 장면에서도 대호가 풀숲 사이로 숨죽이며 그들을 지켜본다. 과거 회상 신에서 소리로 만덕을 유도해 아내 말년을 쏘게 만든 후 만덕을 뒤편에서 주시하다 사라지는 장면도 빼놓을 수 없다. 빠른 액션에도 분노를 담을 수 있지만 이런 '지켜보기'야말로 대호를 하나의 캐릭터로 만드는 정서적 키포인트가 된다.

Key Point 5 뒷모습

극중엔 대호의 뒷모습이 여러 번 등장한다. '대호'라 불릴 만큼 실로 거대한 덩치와 육중한 근육의 스케일을 느낄 수 있도록 공들인 뒤태라고 할 수 있다. 장면이 구성되고 나면 시뮬레이션을 통해 근육의 어느 부분을 과하게 움직일지 정한다. 근육의 섬유질과 잔근육의 움직임, 이에 따라 밀려 올라가거나 처지는 가죽의 느낌까지 더해지면 우람한 뒷모습이 완성된다.

Key Point 6 귀

　박훈정 감독은 '대호가 어떤 행위를 하기 전에 하는 습관 혹은 특징적인 움직임이 있었으면 좋겠다'고 요구했다. 조용석 슈퍼바이저는 대호가 한쪽 눈이 멀었기 때문에 아무래도 안 보이는 눈 쪽의 귀가 더 발달하지 않았을까 라는 설정으로 그쪽 귀를 움직이게 만들었다.

　"야구로 치면 선수가 타석에 들어서기 전에 하는 고유의 행동, 일종의 루틴이라고 할 수 있죠."

　대호가 인간에게 공격을 감행하기 전이나 감정을 표현하기 전, 대호의 마음에 따라 귀도 움직이는 것도 볼 수 있다.

대호

Before & After

대호가 숲 사이를 지나면서 화면에 옆모습만 등장하는 장면. 현장에서 옆모습 사이즈 판을 들고 촬영한 뒤 크리처 디자인된 대호를 합성했다.

대호가 처음 전신을 드러내는 장면. 모션 액터가 할 수 없는 액션 동선 때문에 실물 사이즈 판을 들고 크기를 가늠한 뒤 크리처 디자인된 대호를 합성했다

석이 옆을 스쳐가는 대호. 모션 액터의 진지한 표정
과 동작이 대호 크리처 디자인에 가이드가 돼 이런
장면이 탄생했다.

대호의 키와 높이를 맞추려고 기마 자세로 살짝 허리를 숙인 채 포효하는 모션 액터. CG팀에서 그 키에 맞춰 대호의 상반신을 만들어 넣고 모션 액터의 얼굴을 지웠다.

편집 0228_4th

최고의 시각효과

조용석 VFX 슈퍼바이저가 가장 자랑스럽게 생각하는 시각효과 장면은 늑대골이다. 늑대들이 잔뜩 나오는데 단 한 마리도 가만히 있는 녀석이 없다. 그리고 석이가 끌려온다. 얼마 지나지 않아 대호도 나타난다. CG 캐릭터도 많고 액션도 많다. 한마디로 할 일이 너무 많았던 장면이다. 스무 명이 넘는 애니메이터들이 이 늑대골 장면에만 매달려서 늑대들과 대호의 움직임을 만들었다. 〈대호〉 CG의 기술적인 난이도를 따졌을 때, 최상급 장면이라고도 할 수 있다. 조용석 슈퍼바이저는 '대한민국의 모든 CG 업체들이 할 수 있으면 한번 따라 해보라고 하고 싶을 정도'란다.

늑대골 장면을 작업하는 도중 누군가가 재미있는 아이디어를 냈다. 박훈정 감독의 전작 〈신세계〉를 떠올리며 대호가 황정민처럼 "드루와~ 드루와~" 하는 상황을 CG로 연출해보자는 것이었다. 심지어 늑대골을 〈신세계〉의 엘리베이터 안처럼 피바다로 만들자는 아이디어까지 나왔다. 실제로 어느 정도 작업도 했다. 그렇지만 끝까지 밀어붙이기에는 너무 엄청난 일이라 중도에 포기하고 말았다. 늑대골 장면은 그만큼 4th의 테크니션들에게 짜릿하고 흥미로운 작업이었다.

이외에도 1차 전투신에서 대호가 처음으로 전신을 드러내며 포효하는 장면, 일본군을 제압한 다음 슬슬 주변을 돌다가 순식간에 달려드는 장면도 빼놓을 수 없는 시각효과의 명장면이다.

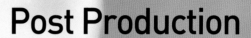

Post Production

조선의 빛, 색, 소리를 찾아서

조선의 빛, 색, 소리를 찾아서

조영욱 음악감독

"어떻게 음악을
만들어야겠다는 생각이
처음에는 전혀
떠오르지 않았습니다.
굉장히 헤맸죠.
음악을 만들어가는 과정에서도
실패를 거듭했습니다."

조영욱 음악감독의 회상이다. 〈대호〉는 조영욱 음악감독이 지금까지 음악을 맡아온 영화들과 크게 달랐다. 가장 중요한 두 캐릭터 중 하나가 호랑이라니, 난감한 일이었다. 걱정스러운 마음에 편집본을 미리 받아서 계속 들여다봐도 별다른 아이디어가 떠오르지 않았다. 사건이 중심이 아니라 인간과 자연이 중심이었다. 산이라는 넓은 공간에 존재하는 소리는 빗소리, 바람 소리, 발소리뿐이었다. 이런 영화에서 주요 테마의 멜로디 라인을 만드는 일은 매우 어렵다. 멜로디 라인이 조금이라도 과장되면 영화 화면이 지닌 정서와 이질감이 생기기 때문이다.

박훈정 감독이 전체적으로 '미니멀한' 음악을 원한다는 점도 중요했다. 극도의 공포와 추위 속에서 눈밭에 홀로 선 천만덕을 음악이 시끄럽게 방해할 수는 없는 일. 조영욱 음악감독은 멜로디를 자제하고 '자연과 어울리는' 음악을 만들기로 했다. 콘셉트가 정해진 뒤에는 작업이 그리 복잡하지 않았다.

2015년 10월 20일 작곡을 끝냈다. 악보 작업까지 마친 뒤 2015년 11월 2일 영국 런던의 '애비 로드 스튜디오'에서 14일 동안 오리지널 스코어 레코딩을 진행했다. 믹싱을 하는 데는 1주일이 걸렸다.

고민 끝에 탄생한 〈대호〉의 음악 테마는 두 가지다. 바로 '대호의 테마'와 '천만덕의 테마'다. 대호의 테마는 우리가 알고 있는 호랑이의 파워와 영적인 존재감에 더 큰 상상력을 더하는 느낌으로 작곡했다. 호랑이를 둘러싼 자연의 소리 중에서도 바람 소리와 빗소리는 저음에 속하는데, 이 테마에 조금이라도 고음을 더하면 화면과 잘 어우러지지 않았다. 조영욱 음악감독은 묵직한 느낌을 위해 저음 위주로 작곡했다. 그리고 콘트라베이스 여섯 대를 사용해서 큰 울림을 만들었다. 브라스 섹션도 고음을 내는 트럼펫 대신 트롬본과 베이스 트롬본의 일종인 침바소(Cimbasso)를 첨가해 저음 위주의 소리를 강조했다. 침바소는 호랑이가 포효할 때나 호랑이와 일본군의 전투 장면 등에서 특히 묵직하게 터져 나온다.

천만덕의 테마는 숭고함과 순수함, 아름다움을 드러낸다. 천만덕이라는 인물의 테마이기도 하지만, 사실 그 시대에 억압받고 살아가던 사람들을 대변하는 느낌이랄까. 박훈정 감독이 음악에 있어서 중요하게 생각한 부분이기도 하다. 그 시대 사람들의 삶과 죽음, 저항의 이미지를 가장 순수하게 표현하는 방법이 무엇일까? 조영욱 음악감독은 '소년 합창'을 떠올렸다. 소년 합창의 음색은 중성적이고 맑아서 순수함을 강조하기에 더없이 좋은 선택이었다. 특히 대호가 죽은 석이를 만덕에게 물어오고 만덕이 석이를 끌어안고 오열할 때 등장하는 천만덕의 테마는 그 행위의 숭고함을 살리기 위해 오케스트라 연주와 40명 소년 합창단의 노래를 함께 사용했다. 중요한 부분에서는 소년 합창단의 노래를 두 번 레코딩해 합치는 '더블 트래킹' 기법으로 장면의 정서를 더욱 끌어올렸다. 레코딩과 믹싱을 모두 애비 로드 스튜디오에서 진행한 이유는 영국 오케스트라가 관악기를 잘 다룰 뿐 아니라 애비 로드 팀의 믹싱 수준이 거의 '예술의 경지'로 정평이 나 있기 때문이다. 레코딩과 믹싱 비용이 엄청나게 들었지만, 투자할 가치가 있는 작업이었다.

조선의 빛, 색,
소리를 찾아서
김창주 편집감독

김창주 편집감독은 시나리오를 본 뒤 박훈정 감독과 미팅하면서 흥분했던 기억을 떠올렸다. "호랑이의 포효에서 조선의 자긍심을 뿜어낼 수 있을 것 같았습니다. 그리고 깊은 산, 그것도 지리산에서 자연을 이해하는 천만덕이라는 인간과 거대한 자연의 존재 대호가 조우하는 이야기라면 사람들의 마음을 움직이겠구나 싶었거든요." 그 말대로 〈대호〉에서 김창주 편집감독은 자연과 만덕을 통한 통찰과 조선 호랑이가 뿜어내는 에너지를 전달하는 데 주력한다. 동물적이고 직관적인 느낌이 나도록 컷을 구성한 것이다.

기본적인 편집 작업은 촬영하는 중간중간 계속 진행됐다. 크랭크 업을 한 뒤 본격적으로 넘어온 전체 촬영 소스로 2주에 걸쳐서 1차 편집본을 완성했다. 그 1차 편집본으로 제작진과 회의를 거친 뒤 김창주 편집감독은 두 달 동안 박훈정 감독과 편집실에서 동고동락했다. 이때만 해도 화면에 CG 호랑이가 합성되지 않은 상태였다. 편집의 리듬감을 살리려면 호랑이 대역 배우나 실물 크기 인형 등으로 등장하는 화면 속 호랑이에게서 실제 호랑이 같은 감정과 액션을 느낄 수 있게 하는 장치가 필요했다. 그런 장치를 찾아 호랑이 사운드 라이

브러리를 뒤졌다. 호랑이의 숨죽인 소리, 포효, 발소리까지 편집본에 다 집어넣어서 호랑이의 모든 감정을 눈과 귀로 확인할 수 있게 했다. 이렇게 작업한 1차 편집본을 받은 CG팀이 편집의 리듬을 고려해 호랑이의 모습과 액션을 그렸다. CG 호랑이와 실사 배경이 합성된 2차 편집본에서는 호랑이의 사소한 몸짓도 더 세밀하게 편집할 수 있었다.

2차 편집본인 본 편집본이 완성될 때까지는 더욱 지난한 과정을 반복해야 했다. 러프하게 만들어진 애니메이션 형태의 호랑이 컷들로 편집한 영상을 털이나 눈빛이 입혀진 '업그레이드' 호랑이 컷으로 재차 편집해서 장면의 호흡과 리듬을 다듬었다. 중복되는 느낌의 컷들은 잘라냈다. 더 충격적인 효과를 주기 위해 컷의 구성과 순서를 이리저리 수차례 바꾸었다. 제대로 완성된 CG 호랑이가 나오는 시퀀스는 전체 흐름을 보기 위해 그 시퀀스만 따로 몇 번이고 다시 편집해서 살펴봐야 했다. 삼중사중의 다듬기였다. 〈명량〉과 〈설국열차〉처럼 CG를 많이 쓴 영화를 작업한 경험이 있는 김창주 편집감독에게도 〈대호〉는 결코 쉬운 작업이 아니었다. 자연과 사람, 호랑이를 연결하는 에너지와 깊이감을 만들어야 하는 〈대호〉의 편집은 그렇게 고민과 인내, 도전의 연속이었다.

영화의 전반부는 호랑이의 신비감을 유지하면서 편집의 리듬감을 살렸다. 예를 들면 대호의 짝과 새끼들이 조선 포수대에 잡혀갈 때 카메라는 그 뒤를 쫓아가는 대호의 시점 숏을 보여주며 빠르게 움직인다. 편집 과정에서 이 화면을 더욱 줌 인하고 컷을 나눠 역동성과 스피드를 강조했다. 반면 중반부터는 대호가 주는 임팩트를 강조하고 무게감을 느낄 수 있게 편집 콘셉트를 잡았다. 김창주 편집감독이 강조하고 싶었던 장면은 대호가 처음으로 전신을 드러내는 장면이다. 영화를 보면서 오금이 저리는 기분이 든다면 그야말로 리얼하면서도 초현실적이지 않을까? 그 순간이 '시간이 흐르지 않는 진공의 세계'가 되기를 바라는 마음에서 김창주 편집감독은 가능한 모든 소스를 총동원했다. 여러 컷 중에서 대호의 모습이 주는 울림과 여운을 느릿하고 묵직하게 남기면서 또 호랑이의 움직임이 더 당당해 보이는 앵글을 선택했다. 바라보는 사람의 호흡, 리액션, 시점 숏도 강렬하게 느껴지도록 구성했다. 후반부에 대호가 늑대골에서 만신창이가 된 석이의 시신을 천만덕의 산막까지 물어다주는 장면 또한 공을 들였다. 대호와 만덕의 과거, 둘의 교감이 주는 신비로움과 슬픔과 아름다움이 오묘하게 교차하는 시퀀스다. 편집 자체도 어려울 뿐 아니라 이야기의 감정선을 엔딩까지 밀고 나가기 위한 중요 순간이기 때문에 더욱 잘 살려내고 싶던 장면이다.

"지리산을 혼자 걷고 있다가
난생 처음 호랑이를
눈앞에서 본 것처럼
상상을 초월하는 공포감을
만들고 싶었습니다."

조선의 빛, 색, 소리를 찾아서

김창섭 사운드 슈퍼바이저

사진제공 : 〈씨네 21〉 백종헌

"가장 중요한 건
 호랑이의 감정이죠."

믹싱 스튜디오 모노콘(MONOCON)의 김창섭 사운드 슈퍼바이저는 감정을 지닌 대호의 소리를 만들기 위해 박민정 프로듀서와 논의를 거듭했다. 대호의 소리에는 분노, 슬픔, 고통, 애정이 담겨야 했다. 국내 동물원에서 사육된 호랑이들은 야생성을 많이 잃어서 필요한 소리를 얻기 힘들었다.

김창섭 사운드 슈퍼바이저는 〈군도 : 민란의 시대〉 때 알게 된 세계적인 사운드 라이브러리 회사 '사운드독(sounddog)'에 프리비주얼 영상과 영화 시놉시스를 보낸 뒤 필요한 사운드를 요청했다. 그런데 의외의 답이 왔다. 사운드독이 라이브러리에서 자신들이 보유한 데이터를 보내는 대신 〈대호〉를 위해 호랑이 소리와 야생동물 소리를 직접 채집하겠다고 한 것이다. 사운드독이 우크라이나, 인도, 러시아까지 가서 채집해온 소리는 무려 1,000여 가지였다.

김창섭 사운드 슈퍼바이저는 그 소리를 하나씩 들어가며 호랑이의 감정을 어떻게 표현할지 정리했다. 슬픈 소리가 가장 어려웠다.

"호랑이가 슬플 때 내는 소리를 잘 모르거든요. 그리고 '사운드독'이 슬픈 느

낌이라고 보내준 소리가 우리가 생각한 슬픔의 정서와 거리가 있었어요."

그렇기 때문에 소리를 조합해야 했다. 사자가 내는 소리가 가장 슬펐고, 늑대가 내는 소리가 분노에 찬 느낌을 더 잘 표현했다. 그래서 늑대, 사자, 호랑이 소리를 기본으로 조합한 뒤 표범과 곰 소리를 섞고 대호의 감정에 따라 조절해서 사용했다. 덕분에 영화의 모든 호랑이 소리는 진짜 살아있는 소리다. 단 하나, 지리산이 떠나갈 정도로 울리는 대호의 긴 포효는 김창섭 사운드 슈퍼바이저가 온전히 디자인했다. 철포회수대와 전투를 치르고 상처투성이로 대나무 숲에 들어온 대호의 거친 호흡은 채집해온 호랑이 호흡을 CG 화면에 맞춰 자른것이다.

한편, 호랑이 소리만큼이나 박훈정 감독이 중요히 여긴 사운드가 있다. 대호에게 당하는 사람들의 비명이다. 김창섭 감독은 "감독님이 '처절함'이라는 단어를 강조했다"라고 말한다. 일본군과 포수대의 신음과 비명을 만들기 위해 액션팀이 믹싱 스튜디오 녹음실에서 후시녹음을 해줬다. 그 소리를 대호가 휩쓸고 지나간 뒤 널브러진 병사들에게 하나하나 입혀서 '처절함의 사운드'를 완성했다.

〈대호〉는 많은 부분을 후시녹음을 해야 했다. 나뭇잎이 떨어지거나 눈이 날리는 효과를 내기 위해 강풍기를 계속 틀다 보니 동시녹음을 하기 힘들었다. 후시녹음을 가장 많이 한 배우는 구경 역을 맡은 정만식 배우와 칠구 역을 맡은 김상호 배우였다. 김창섭 감독은 "두 분에게 감사합니다. 후시녹음 티가 많이 안 난다고 칭찬 받는다면 온전히 배우들의 공입니다"라며 인사를 전했다.

호랑이를 모는 몰이꾼들 소리도 후시녹음을 했다. 박훈정 감독은 이 소리도 특별히 신경 썼다. "이때 몰이꾼들이 내는 소리는 거의 비명에 가까워야 한다. 이 소리로 인해 호랑이가 나한테 오지 않기를 바라는 절박한 느낌이어야 한다"라고 주문한 것이다. 믹싱 스튜디오의 대형 녹음실에 20명이 모여서 비명에 가까운 소리를 지르다가 모두 목이 쉬고 말았다.

영화 배경이 늦가을과 겨울이다 보니 차가운 바람 소리로만 공간을 표현해야 하는 점도 어려웠다. 김창섭 감독은 같은 공간도 장면별로 바람 소리를 다르게 표현해 공간감을 살렸다. 대호가 석이의 시신을 만덕에게 데려왔을 때 대나무 숲의 바람 소리를 강하게, 철포회수대와 싸우고 온 대호가 만덕과 교감을 나눌 때 대나무 숲의 바람 소리를 편안하고 잔잔하게 하는 식이다. 산은 울림이 강하기 때문에 공기의 흐름을 타고 오는 바람을 서라운딩 사운드로 만들어서 원근감을 강조하기도 했다. 예를 들면 대호를 추적하던 칠구가 "범바람이네"라고 할 때는 수풀이 흔들리는 소리, 가까운 바람, 먼 바람, 훨씬 먼 바람 소리를 섞었다. 소리의 강도를 층층이 쌓아 '레이어'를 만들어 '범바람'을 표현한 것이다.

조선의 빛, 색,
소리를 찾아서

김형석 컬러리스트

"시대극이면서
워낙 CG를 많이 사용하니까
영화에 인공적인 느낌이 없도록
자연스러움을 살려야 했어요.
전반적으로 채도를 낮추는 게
중요했죠."

촬영한 뒤 상영하기 전까지 수정하고 보완하는 디지털 중간 과정인 DI(Digital Intermediate)는 포스트 프로덕션에서도 마지막까지 손을 놓을 수 없는 분야다. DI에서 영상의 룩(Look)을 만지는 디지털 색 보정은 특히 중요하다. 단순히 잘못된 컬러를 고치는 개념이 아니다. 촬영장에서 찍어온 화면의 빛을 조절하고 CG 캐릭터와 실사 배경이 합성된 컷을 더 자연스럽게 손질한다. 무엇보다도 영상의 컬러를 디자인해서 영화 전체의 분위기를 만드는데, 관객이 영화를 해석하는 데 큰 영향을 끼칠 수 있다. 그렇기 때문에 이 작업을 담당하는 컬러리스트가 시나리오를 해석하는 능력이 아주 중요하다. 감독의 의도가 영화 전반에 걸쳐 일관되게 전달되도록 컬러로 스토리텔링을 해줘야 한다.

〈대호〉의 디지털 색 보정을 담당한 투엘의 김형석 컬러리스트는 우선 시대의 공기를 전하기 위해 영화 전체의 채도를 낮췄다.

김형석 컬러리스트가 꼽은 〈대호〉 DI의 핵심 키워드는 호랑이, 안개, 나뭇잎, 상봉이다. 호랑이는 튀지 않게, 안개는 짙게, 나뭇잎은 붉게, 상봉은 보이게 만드는 것이다. 호랑이 대호를 배경에서 튀어 보이지 않도록 박훈정 감독, 이모개 촬영감독, 이성환 조명감독과 오래 논의한 끝에 기본 원칙을 정했다. 대호의 털 색깔은 배경에 맞추고 채도를 전체적으로 낮췄다. 차가운 느낌의 공간에서는 털 색깔의 채도를 빼고 따뜻한 느낌의 공간에서는 노랗고 붉은 색을 첨가했다. 대호의 이마 부분에 난 흰 털은 일관된 색감을 유지했다.

안개는 철포회수대가 산을 폭파할 때 등장한다. 사실 폭발한 뒤 연기가 숲에 안개처럼 자욱하게 퍼진 것이다. 이 안개는 한 번 폭발 장면을 찍고 나면 다시 찍을 수 없었기 때문에 CG팀에서 좀 더 숲에 안개가 자욱하게 보이도록 추가했다. 김형석 컬러리스트는 추가된 안개를 색 보정으로 더 짙게 만져야 했다.

"안개는 색 보정이 어려웠어요. 콘트라스트가 약하고 색이 단조로워서 조금만 건드려도 색 전체가 민감하게 변하거든요. 거기다 CG 캐릭터인 대호와 대호 뒤에 있는 사람 사이의 거리감을 생각하면 보정하는 게 까다로웠죠."

나뭇잎은 계절감 때문에 중요했다. 겨울에 촬영했는데도 잎이 여전히 녹색인 상록활엽수들이 많아서 하나하나 나뭇잎의 색을 만져야 했다. 영화의 계절은 가을과 겨울이지만, 촬영은 12월부터 5월까지 진행했다. 그래서 봄에 촬영한 나뭇잎을 붉게 조정해 낙엽처럼 바꿔야 했다. 김형석 컬러리스트는 "나뭇잎을 정말 많이 만졌다"라고 밝혔다.

만덕과 대호가 대결하는 장소인 상봉은 해가 졌지만, 아직 완전히 깜깜해지지 않은 '매직 아워'에 눈보라도 휘몰아치는 장면이다. 이 장면을 위해 CG팀과 함께 고민했다는 김형석 컬러리스트는 상봉에 일본군이 올라가는 시간대를 역으로 계산해서 색을 보정했다.

"해는 졌는데 구름이 보이는 그림이었어요. 전반적으로 어둡지만 필요한 부분은 잘 보이도록 색 보정을 해야 했죠. 달빛의 느낌은 살리되 현장에서 사용한 인공조명은 티가 안 나도록 빛을 받은 호랑이의 색을 따로 만졌습니다."

또한, 늑대골에서 석이, 늑대들, 대호의 콘트라스트도 하나하나 조절했다. 전체적으로는 어두운데 석이의 얼굴을 분리해서 잘 보이도록 만지는 Key 작업을 진행한 장면이다. 최민식을 비롯한 배우들의 피부톤도 김형석 컬러리스트가 장면마다 신경 써서 조절했다. 미세한 디지털 색 보정이 〈대호〉의 시대와 사람들의 아픔을 더 증폭한 셈이다.

CAST & STAFFS

<table>
<tr><td>

OPENING CREDIT

제공/배급 NEW

공동제공 (유)동문파트너즈
타임와이즈인베스트먼트(주)
유니온투자파트너스(주)
(주)대교인베스트먼트
(주)우리인베스트먼트
(주)이수창업투자
(주)한국투자파트너스
(주)위드윈홀딩스
IBK기업은행

투자지원 문화체육관광부
중소기업청
한국벤처투자(주)

제작 (주)사나이픽처스
제작투자 김우택
공동투자 한미미 이은재 신강영 이재우
이황상 김영준 이석주 백여현 안성민 서동욱
유제천 권선주
제작투자총괄 장경익
투자총괄 김형철
마케팅총괄 박준경

제작 한재덕
촬영 이모개(CGK)
조명 이성환
미술 조화성(화성공작소)
무술 허명행 최봉록(서울액션스쿨)
편집 김창주
음악 조영욱
동시녹음 정 군(KPA)
음향 김창섭(MONOCON)
의상 조상경
분장/헤어 김현정
특수분장 황효균 곽태용(CELL)
특수효과 DEMOLITION
시각효과 조용석(4th Creative Party)
색보정 김형석(2L)
조감독 양준호
제작실장 조재상 신민경
프로듀서 박민정
감 독 박훈정

</td><td>

ENDING CREDIT

제공/배급 NEW

공동제공 (유)동문파트너즈
타임와이즈인베스트먼트(주)
유니온투자파트너스(주)
(주)대교인베스트먼트
(주)우리인베스트먼트
(주)이수창업투자
(주)한국투자파트너스
(주)위드윈홀딩스
IBK기업은행

투자지원 문화체육관광부
중소기업청
한국벤처투자(주)

제작 (주)사나이픽처스
제작투자 김우택
공동투자 한미미 이은재 신강영 이재우
이황상 김영준 이석주 백여현 안성민 서동욱
유제천 권선주
제작투자총괄 장경익
투자총괄 김형철
마케팅총괄 박준경

제작 한재덕
감독/각본 박훈정
프로듀서 박민정
촬영 이모개(CGK)
B촬영 정귀호
조명 이성환
미술 조화성(화성공작소)
무술 허명행 최봉록(서울액션스쿨)
편집 김창주(C-47 POST STUDIO)
음악 조영욱
동시녹음 정 군(KPA)
음향 김창섭(MONOCON)
의상 조상경
분장/헤어 김현정
특수분장 황효균 곽태용(CELL)
특수효과 정도안 김태의(DEMOLITION)
시각효과 조용석(4th Creative Party)
색보정 김형석(2L)

</td></tr>
</table>

대호

나오는 사람들
만덕 최민식
구경 정만식
칠구 김상호
석 성유빈
마에조노 오스기 렌(大杉 漣)
류 정석원
약재상 김홍파
칠구 처 라미란
말년 이은우
선이 현승민
어린 석 김예준
우포수 우정국
박포수 박인수
유포수 유재명
환포수 박지환
한포수 한동욱
안포수 안상우
연포수 연준원
권포수 권지훈
곽포수 곽진석
나포수 나주호
길라잡이 조씨 조하석
길라잡이 김씨 김서원
엽물꾼 김씨 김진혁
엽물꾼 류씨 류대식
엽물꾼 이씨 이원희
엽물꾼 황씨 황성호
포수대 중위 장교 박성택
포수대 소위 장교 강민호
마에조노 대위 전속부관 남경민
마에조노 중좌 전속부관 다케다 히로미츠
마에조노 소좌 전속부관 우광제
20사단 장교1 배현경
20사단 장교2 설창희
20사단 장교3 최리호
20사단 장교4 이창호
20사단 장교5 김용기
철포회수대 중대장 김성현
철포회수대 소대장 남연우
철포회수대1 이상민
철포회수대2 채성원
철포회수대3 조경섭
철포회수대4 윤성민
철포회수대5 주창욱

철포회수대 폭파병1 송승현
철포회수대 폭파병2 양호성
철포회수대 폭파병3 정수용
군견병1 박상훈
군견병2 김선웅
군견병3 김성종
군견병4 김문찬
마에조노 운전병 조춘호
몰이꾼1 백동현
몰이꾼2 신성일
몰이꾼3 장한별
몰이꾼4 김동현
몰이꾼5 배한용
몰이꾼6 설동혁
몰이꾼7 조성훈
몰이꾼8 한수호
과거 몰이꾼1 조용우
과거 몰이꾼2 황태준
포수대 사진병 이원진
포수대 사진병 보조 신두환
포수대 작업병 전현우
약재상 점원 양준호
구경 동생 이세훈
산신제 제관 모정민
산신제 집사 이정관
산신제 일본인 조사자1 곽민준
산신제 일본인 조사자2 손성찬
산신제 풍물패(매구마당) 이복남 한석현 김민상
김재현 김경종
일본군 목소리 출연 정태야 허성민 이상도
박종범
범(虎) 곽진석

만든 사람들
[제작부]
제작실장 조재상 신민경
제작부장 이용수
제작부 함동환 안승주 채지웅 김성진 최재영
최지민
제작회계 박소예
회계보조 정우정
제작지원 김종민 안재석 조현민 윤종선 박인규
양은정 김원중 김주영 이승대

[연출부]
조감독 양준호
연출부 정민욱 황재선 김용태 이루다 김민식
서형원 정대웅
스크립터 신수정
현장편집 이익성
스토리보드 김영웅

[촬영부]
A촬영팀 김재광 권진협 손상현 김혜경
B촬영팀 성정훈 문성진 곽경호 김희근 이재영
Key Grip 홍정원(스페셜그립)
그립팀장 김택선
그립팀원 김우상 김창회 정민혁 이태경
그립지원 박찬희(그립광)
WireCam Operator 홍정원 김택선
Ronin Operator 정귀호
Scorpio Stabilized Head 이학송 이상조 최태현
(SERVICE VISION)
Scorpio Mini Head 황용근 이성준(SERVICE
VISION)
항공촬영 김승호 김영환 원홍연(드론웍스)
스테디캠 김동주 강석민 박상준 여경보 김상곤
테크노크레인 김근종
카메라장비 이석용 박진섭(캠하우스)
D.I.T 진현우 이강효 이호승 정지윤(DATA
FACTORY)

[조명부]
조명팀 이학수 현규석 윤보현 윤인한 조현철
김남조 이재욱 함영준 정지운 한영광 노동섭
발전차 엄용흠(볼트)
추가 발전차 문광식(볼트)
조명크레인 서대식(준파워)
조명장비 한빛 라이트

[녹음]
붐 오퍼레이터 김한얼
붐 어시스턴트 김태환 이시영

[미술]
아트디렉터 최현석 박지희
세트디자인 소성현
컨셉아트 배하늘 박지현
미술팀장 김송이

미술팀 박은초 이혜나 이경화 박지현 박준영
박혜련
미술 현장 진행 황연성 윤소연
미술B팀 고근희 김애희 황정혜 안태한
미술지원 황연주 황예진
소품 화성공작소
특수세트/소품 장민석(아트원) 김석근 표선정
박상욱 김세빈

[세트]

세트제작 최홍섭(유나이티드997)
세트팀 정인철 박여춘 서경석 조기남 최병재
이상훈 최지영
작화팀 레이어웍스
작화 최지훈 김동진 김재현 윤성민
세트 지원 유성진 박흥용

[눈 디스플레이]

실장 하승남(아프로플러스)
팀장 정현습
팀원 김형욱 김해동 한도희

[의상]

의상팀장 류현민
의상팀 김나현 오정근 허효심 박소은 박미소
의상지원 이윤숙 오정윤 김 영 김은영 김민경

[분장 / 헤어]

분장팀장 정경희
수염팀 김예진
분장팀 백승연
분장지원 문지영 김조은

[특수 분장]

특수분장실장 이희은
특수분장팀장 김호식 김신애
특수분장팀 김가륜 조형준 박영무 박성민
박신영 이효응 박솔지 최주형 김철환

[특수 효과]

특수효과팀장 유인상 윤형태 조경규
특수효과팀 전병욱 이동호 정민우 조한신
강우기 방성철

[무 술]

무술팀 서지오 최춘범 송민석 장한승 강영묵
권지훈 전재형 노남석 정진근 권귀덕 정윤성
윤대원 정동혁 박갑522 장한별 선호삼 채성원
이확źd 김영미 이광기 이수민 천준호 이상민
김선옹 김성종 주창욱 김승찬 윤성민 조경섭
최현우 지동주 서영민 김용학 윤민규 이병희
홍주만 임경욱 이태영 박태기 권혁석 김정섭

[총 기]

총기실장 이주환
총기수출입대행 한추(3.1 총포화약상사)
총기대여 "Eddie Ho : Props Co., Ltd. (Hongkong)"

[매니지먼트]

최민식 매니저 백창주 대표 염현중 팀장
안종원 과장(씨제스 엔터테인먼트)
정만식 매니저 임정배 이사 박인혁 실장
김준영 매니저(브레이브 엔터테인먼트)
김상호 매니저 심정운 대표 최명규 부사장
박강수 본부장 김종원 매니저(심 엔터테인먼트)
성유빈 매니저 염현중 팀장(씨제스 엔터테인먼트)
오스기 렌 매니저 와타나베 유코 노무라 슈이치
(ZACCO Inc.)
정석원 매니저 장재호 실장
최주식 매니저(씨제스 엔터테인먼트)
김홍파 매니저 신성호 본부장
이승훈 매니저(스타빌리지 엔터테인먼트)
라미란 매니저 김영삼 실장
임도영 매니저(씨제스 엔터테인먼트)
이은우 매니저 남승명 본부장 오희주 팀장
백승훈 매니저(레드라인 엔터테인먼트)
현승민 매니저 하윤재 본부장 전경수 이사
허남광 실장 최준우 매니저(더좋은 이엔티)
우정국 매니저 임정배 이사 박인혁 실장
이광호 매니저(브레이브 엔터테인먼트)
유재명 매니저 이상언 대표 천상현 이사
안재균 팀장 송경한 매니저(어니언 매니지먼트그룹)
박지환 매니저 박성준 본부장
박상훈 팀장(스타빌리지 엔터테인먼트)
안상우 매니저 이동현 실장(가지 컨텐츠)
강민호 매니저 홍원기 이사(JJ company)
다케다 히로미츠 매니저 김진중 실장(요시모토 엔
터테인먼트 서울)
김성현 매니저 박상규 이사(with HC)

에이전시 엄현숙 민양기 박성일 박양훈
일본어 통역 이애숙 다케다 히로미츠

[편 집]

편집 어시스턴트 박성원 정선영 김혜수 임혜진
김영덕 김연희 최호영

[시각효과부서]

Visual Effects by 4th Creative Party
Senior VFX Supervisor 이전형
Executive VFX Supervisor 최재천
Executive VFX Producer 한영우
VFX Supervisor 조용석
Supervisors 이동훈 김준형 백경수
CGI Supervisor 박민수
Lighting Lead 강창배
Look Development Lead 정철황
Pipeline Lead 오호준
Compositing Leads 박송이 백현정
Animation Leads 유태근 김은진
FX Lead 손병수
Modeling Lead 윤영준
Matte Painting Lead 최지원
Creature Lead 김성훈
Motion Graphics Lead 조경훈
Senior Lighting Artists 박희영 성인경
Lighting TDs 정철호 이성용
Senior Look Development Artist 장동진
Senior Animation Artists 장승열 조현주 권광구
Senior Compositing Artist 이찬란
Senior FX Artist 홍성환
Senior Modeling Artist 김 형
Creature TD 안홍주
Lighting Artists 정소희 천재성 이 근 임선아
손창민 김보근
Look Development Artists 박다정 이인호
백명기 안태국 임미르 서창혁 고민규
Compositing Artists 이승훈 조성구
손승훈 김한선 하민구 김민범 오현석 김다은
김형일 김예향 안성경 이선미 김수미 김기현
이예은 배권호 장사라 박지만
Animation Artists A 박준철 신성아 김종윤
이정현 염지훈 박형준 박다윤 김병주 하종현
김온유 김태화 조돈혁 진은진 최송희 허진영
황영섭

Animation Artists B 서득수 김경민
FX TD 문종환
FX Artists 이석현 이동우 손호성 김종국 전 찬
배승제 최요식
Match Moving Artists A 김용환 김은성 박상구
고현주 박준선
Match Moving Artists B 조현진 제임스 리
Creature Artists 이진영 김민지 유지선 최성우
김태원 이강재
Modeling Artists 김상돈 김지훈 김진철 우성구
김은영 박진아 이동욱 이재훈 최진아 최우성
정지현 장익제 이슬기
Matte Painting Artists 홍민정 우선미 유상일
Motion Graphics Artists 류소라 박유은
Concept Artist 이병국
Pre Visualization Artists 장승열 조현주 김종윤
염지훈 김병주 하종현
Pipeline TDs 조수진 이동원 박이정
System Engineers 박린상 현기봉
Senior VFX Producer 박관우
VFX Producers 이지은 장현문 박근화
Project Management Lead 이덕구
Main Project Manager 김지혜
Project Managers 육영선 정아름 배은미
윤진영 이진영
Project Coordinators 문자영 오혜원 안병주
김은영 최진영
Project Assistants 손대희 이세영 김혜리
VFX Coordinator 유용욱
Planning Department 심상종 윤준호 박소명
남보라 고은비
Chief Financial Officers 박인규 김 철
Production Accountant Leads 박경선 차진경
박상준
Production Accountant 최지원 박대성
김희영 신인욱

Visual Effects by A-Bros Studio
Lead Animator 표성운
Senior Animators 전희중 윤주병 김진동
Animation Producer 박순빈

Visual Effects by Side 9
Lead Animator 조장환
Senior Animators 김 민 송영범

Animation Producer 이지영

Visual Effects by BAT
Lighting & Look Development Lead 함유섭
Lighting & Look Development Artist 강영은
Compositing Lead 김창연
Compositing Artist 박가영
Associate Production Manager 송명희

Visual Effects by Creative Monster 7
Compositing Artists 김용우 김현우 이민원
윤충열 유재미 김부규 양봉석 박민정 김하연
고예빈

Visual Effects by W2 Studios
VFX Supervisors 이승용
VFX Producers 남 신
Lead Comp Artist 이민희
Comp Artists 서원대 최민영 이경진 신소연
Rotoscope Artists Teddy Susanto
Eka Ratna Sari   Dedek Priyatno   Yoga Pranata
Cikal Beckya Seno   Andrian Pratama Putra
Aditya Kristiawan   Muhammad Khanif
Roni Nur Cahyo   Imamul Muttaqin
Achmad Taofik   Wahyu Sulaeman

India Division
Visual Effects by Symbiosys Technologies
Executive Producer Meesala Raj Sekhar
Assistant Production Managers
Allam Santosh Kumar
Y Chandra Mouli
Production Coordinator A Bhaskara Rao
Supervisor G Manohar
Paint Artists Y Tirupathi Rao E Krishna Rao
M Ravi Kumar   P Mahesh   R Srinu
B T T H Teja   Y Tirupathi Rao
Roto Artists G Ramesh S Chandra Skehar
Asish Patwal   V Haswin   M Varahalarao

China Division
Visual Effects by Beijing Orient Media Co.,Ltd
Executive VFX Producer Wang Jing
Executive VFX Supervisor Zhu Xiaobin
Project Managers Alex Kong Qiu Peipei

Project Coordinators Huang Lei Li Na Yu Ping
Compositing Leads Wang Li Lei Changjiang
Tang Xiaoliang He Peng
Compositing Artists Wang Kai Xu Yingjie
Sun Shan Tian Yuan Zhang Lei Chen Ke
Hu Xiaoquan Si Ji Monsen Chen
Wang Weifu Sally Ying Hongjie Haddan Liu
Wang Chong Ryan Kung Fan Jianxin
Alix Guo Dong Xi Wang Tong Yang Yanyan
Zhao Xuqi Hu Jing Liang Biao Liu Bin
Li Xing Li Xiaoming Guan Bin Huang Shuo
Han Shuai
Technical Support Rao Shan
Accountant Hu Ronghong

[음악]
작곡팀 홍대성 윤소라 조혜원
Music preparation 김경민
Orchestra Contractor Isobel Griffiths
Assistant Orchestra Contractor Susie Gillis
Conductor Nick Ingman
Orchestra Leader Perry Montague-Mason
Solo Flute Karen Jones
Choirs Metro Voices & Cardinal Vaughan
Memorial School Boys Choir
Choral Co-Ordinator Jenny O'Grady
Boys Choirmaster Scott Price

Score recorded at Abbey Road Studios, London
Recorded and mixed by Sam Okell
Protools Matt Mysko
Assistant engineer Connor Hughes

[사운드]
Post Production Sound Service by MONOCON
Supervising Sound Editor 김창섭
Dialog Editor 최은아
ADR Editor 조혜은 한주희
SFX Editor 김창섭 박진홍 한주희 정태인
Matt Temple George Pereyra
Foley Supervisor 김태하
Foley Artist 안기성 이민섭 John Sievert
Foley Mixer Ron Mellegers Ryan Lukasik

Tiger and wolf sound Sounddogs.com, Inc.
Siberian Tigers Trainer Aleksandr Pylyshenko
Field Sound Effects Recording Kristina
Stepanova, Rob Nokes
Sound Librarians Luciano Del Zoppo
Ivan Markovic   Facundo Moreno
Foley recorded at 영화진흥위원회 폴리실
JRS Productions
Sound Effects Consultant (주)미디어큐브 김재경

[Digital Intermediate]
Digital Intermediate by Digital Studio 2L
Executive DI Producer 임정훈
Colorist 김형석
Colorist Assistant 박애라
Digital Image Mastering 김범수 이호우
Post Production Manager 조홍석
Post Production Producer 이덕우
Production Supervisor 김재호
Production Manager 김소연
Associate Colorist 고은비
Associate Colorist assistant 주영견

[NEW]
투자책임 김수연
투자진행 전용욱 송아름 유형석
투자지원 함 진 이주현 박성윤
국내배급책임 박은정
국내배급진행 위주경 박순우 김우근
국내마케팅책임 양은진
국내마케팅진행 하서연 김수진 정재준
국내마케팅지원 최은영 김태홍 염서연 조성진
홍보책임 양지혜
홍보진행 김가연 최희준
투자회계책임 임재환 박 향 김성태
투자회계진행 진경선 김보영 한태문 이주영
이성원 이은정 이진영 김찬영 박슬이
경영지원 이성훈 류시진 김지웅 신강원
김정아 최광성 차준호 박성수 김진건 이선근
프로덕션 슈퍼바이저 이건우

[콘텐츠판다]
콘텐츠유통책임 김재민
콘텐츠유통기획 김태원
콘텐츠유통진행 서윤희 최성은 서혜지 김다한

해외배급책임 이정하
해외배급진행 김나현 정다인

[공동투자]
공동제공 (유)동문파트너즈
공동투자총괄 서상영

공동제공 타임와이즈인베스트먼트(주)
공동투자총괄 강원숙
공동투자진행 오상민

공동제공 유니온투자파트너스(주)
공동투자총괄 허수영
공동투자진행 오정근 성 민 허규범

공동제공 (주)대교인베스트먼트
공동투자총괄 노재승

공동제공 (주)우리인베스트먼트
공동투자총괄 백종빈
공동투자진행 김민강

공동제공 (주)이수창업투자
공동투자총괄 김종화
공동투자진행 손민영

공동제공 (주)한국투자파트너스
공동투자총괄 전요셉
공동투자진행 정화목

공동제공 (주)위드윈홀딩스
공동투자총괄 박매희
공동투자진행 박상무

[(주)사나이픽처스]
회계세무 최광성 최서율 고가람 이나래(세무사
최광성사무소)

[마케팅]
마케팅 홍보 박혜경 김종애 서보람 최주영
김여울 김소영(&credit)
온라인마케팅 김혜라 유하나 김주영 정미경
윤두리((주)웹스프레드)
온라인 광고디자인 김재윤 박가희 김연지
정민지((주)웹스프레드)

광고대행 임 범 서정우 김현신 김정민 정희돈
이규용((주)이노션 월드와이드)
광고디자인 배광호 차소희(그림커뮤니케이션(주))
티저예고편 곽수정 한가람(PEEPS)
티저예고편 믹싱 임정윤(274CUSTOM)
메인예고편 황정현 김진석 강진경 김하나(TOMM)
메인예고편 2D 박종민(BILUV)
메인예고편 믹싱 박준오(MOBY)
포스터 사진 노주한
현장스틸 노주한 전영욱
메이킹 조용관 황병현 이상희 최병기 박찬수
(스윙미디어)
인쇄 (주)다보아이앤씨
이벤트기획 김윤태 이민호 김효선 김민경
최평규((주)비플레이)

[참여 업체]
보조출연 이옥희 이상윤 문상근
강정현(ID에이전시)
식당차 차맹호 홍진용 박주만(도란도란)
짱구네밥차
분장버스 이강곤(시네마스토리)
촬영버스 황선호
의상탑차 이응석
미술운송 이기식(프로익스프레스)
소품차량 (주)퍼스트애비뉴 금호클래식카
동물출연 황명호(이글루) 와우펫
일본어 번역 후지모토 신스케 다케다 히로미츠
보험 류인종 대리(동부화재)
법률자문 강민주

[참고서적]
위대한 왕 니콜라이 바이코프
정호기 야마모토 다다사부로

[2015 인센티브 지원]
청풍영상위원회
(사)전주영상위원회

[지원 기관]
청풍영상위원회 조명래
전주영상위원회 김선태 유정훈 이대영
전주영화종합촬영소 백정민 유창경 김진국
부산영상위원회 이승의
부산영화촬영스튜디오 김윤재

남양주종합촬영소 김유형
삼정더파크동물원 안동수 박중상 전상준 김영란 진영랑
폰트 저작권 YOONDESIGN

[의상 / 분장 협찬]

나르샤 | 토마스존 | 한빛 안경박물관

[미술 / 소품 협찬]

서대문자연사박물관 | 아트앤크래프트 | 집(가죽공방) | 구름쇠공방 | 약초명가 | 보명한의원 | 그린농사꾼 | 다듬나리 | 빈티지레드목공소 | 진흥전기조명 | 나래
레더 | 루비나또 | 고려미술 | 빨간명찰 | 천년한지 | (사)고상돈 기념사업회 | 팔도건어물 | 깃발1번가 | 코지샵 | 비비나라이팅 | 족자닷컴 | 두리공방 | 화봉책박
물관

[장소 협조]

청태산자연휴양림 | 전라남도 완도수목원 | 전라남도 청소년수련원 | 남해 편백나라 | 곡성 평화 대안학교 | 설악 시네라마 | 한화리조트 설악 | 제천 금월봉 휴
게소 | 부산 기장 아홉산 | 정읍 도강김씨 문중 산 | 포천 비둘기낭 | 황매산 군립 공원 | 합천군청 | 산청군청 | 남원 구룡계곡 | 지리산 북부사무소 | 국립공원
관리공단 지리산국립공원남부사무소 | 휘닉스파크 한화호텔&리조트 | 순천 도리봉농장 | 대관령 삼양목장 | 평창 국민의 숲 | 평창 동막골 | 파주 소령원 | 인천
송도석산 | 국립공원관리공단 설악산국립공원사무소 | 설악케이블카㈜ | 대한불교조계종 제3교구 본사 신흥사

[제작에 도움주신분들]

청태산자연휴양림 팀장 김장식 | 국립자연휴양림관리소 김준호 | 홍천 국유림관리소 횡성경영팀장 홍현정 | 전남 산림자원연구소장 박화식 | 전남 완도수목원
오득실 원장 조문형 조영철 | 전남 청소년수련원 원장 박형호 | 남해 편백나라 정태삼 최태규 최경곤 | 전남 곡성 평화학교 농부교장 최기철 | 속초 설악 시
네라마 박기철 | 한화리조트 설악 마케팅팀 지배인 박상웅 홍보 영업기획팀 성낙규 | 아홉산 숲 문백섭 대표 | 기장군청 소다영 | 합천 군청 관광진흥과 오창
주 관광개발사업단 한호상 | 산청 군청 관광진흥담당 강채호 문화관광과 하은희 | 도강김씨 문중 대표 김선호 | 만나가든 유현 | 동부지방산림청 평창국유림
관리소 | 청풍리조트 마케팅팀 박윤희 | 국립공원관리공단 지리산국립공원남부사무소 | 순천 도리봉농장 유우재 사장 | 제천 금월봉 휴게소 조병화 사장 | 평창
동막골 전석봉 이장 | 포천 시청 문화체육과 김정숙 최동원 학예사 | 설악케이블카㈜ 관리과장 남택수 | 국립공원관리공단 설악산국립공원사무소 이명종 주
임 | 김종배 | 주유경 | 최청일

[감독과 제작자는 다음 분들께 특별히 감사드립니다]

강동원 강 현 국수란 고혜영 김남길 김성수 김형석 류승완 박누리 박미정 박성웅 박점식 박지영 박진호 박재상
박예림 변승민 백지영 양경술 오승욱 유시헌 유지태 이일형 이정재 윤종빈 전도연 전린다 정우성 최옥희 황정민

대호
㈜사나이픽처스

COPYRIGHT © SANAI PICTURES ALL RIGHTS RESERVED

〈THE TIGER〉 Making Book